「選ばれる人」はなぜ口が堅いのか

言葉を選ぶ技術、言い換えるテクニック

コーチ・エィ　広報のプロフェッショナル
大谷恵 Ohtani kei

プレジデント社

WHY DO SUCCESSFUL PEOPLE CHOOSE THEIR WORDS?

はじめに

「選ばれる人」は なぜ口が堅いのか?

情報の発信は、どこかの誰かを傷つけている

　私は、「広報」の仕事をしています。国際博覧会の運営事務局、アーティストの個人事務所での展覧会事業、輸入車メーカーでの企業広報などを経て、現在はエグゼクティブ・コーチング・ファームで働いています。

　広報とは、「広く報(しら)せる」の文字通り、「新製品が出ます」「新しい取り組みを始めました」「こんな事業を行っています」といった情報を社内外に広め、「選んでいただく」＝「ブランドを高める」ための仕事です。

「日本を世界の人に知ってもらうための展示とは？」
「このアートの世界観を味わえる展覧会の構成とは？」
「会社の事業をわかりやすく説明する方法とは？」

　などを考え、広めるべき情報を峻別(しゅんべつ)し、「攻め」と「守り」のバランスをとりながら「真意を伝えるコミュニケーショ

ン」が求められる仕事です。私はこの仕事をとおして、「広めるべき情報」と「出さない情報」を区別する癖をつけてきました。

　それでも、ミスすることがあります。

　私の仕事のひとつに、毎週19万人の読者にむけてエグゼクティブコーチがコラムを書くメールマガジンの編集発行があります。

　東北の震災から2年経ったときのことです。「何十年もかけて、何万本もの桜を植樹する」という、ある地域の活動をテレビで知りました。放射能問題などで土地を離れた人たちがいずれ帰ってくるようにという願いをこめ、地元の人たちを中心に桜を植え続けるという活動でした。

　その取り組みにつき動かされ、編集後記で触れたのです。すると、即レスとも言えるスピードで2、3人の読者の方から返信メールが届きました。放射能汚染についての私の微妙な書き方が「この地域は使えない土地になった」という印象を与え、風評被害を拡散する、というご指摘でした。

　メールを読んだ瞬間は何が起こったのか分からず、ただただ茫然としました。「未来にむけて頑張る人を応援したつ

もりだった。読んだ人たちは私と同じように共鳴してくれると思っていた。なのに、怒っている人がいる。何が起きたのだろう？」と。

あのとき、私には「編集後記にまで目を通しているのは、ごくごく数名の人たちだろう」という油断が明らかにありました。さらに、「読んでくださった人はみな、この内容に共感してくれるだろう」と独りよがりの思いを抱いていたのだと思います。

この経験をとおして私が痛感したのは次のことです。

・ネットの情報は、いつ、どこで、誰の目にとまるか、想像するのは難しいこと
・発信するときは、正確性や表現の細部にまで神経を研ぎ澄ませる必要があること
・意図しなくても、人を傷つける可能性があること

読売新聞の一面コラム「編集手帳」を長年執筆し、日本記者クラブ賞を受賞している竹内政明論説委員は、著書に**「私のコラムは、いつ、何を、どう書いても、知らず知らずにどこかの誰かを傷つけている」**と書かれています。大ベテランの専門家でさえ、そう肝に銘じて、日々ペンをとっているのです。

モノ言える時代に選ばれる「口の堅い人」

　私たちはいま、リアルとインターネット、ふたつの世界で生きています。

　誰もが、いつでも、どこでも、不特定多数の人に情報を発信できる「一億総メディア」の時代です。情報の「受け手」としてだけでなく「送り手」として、世界の人たちと直接つながる可能性を手にいれたのです。

「世界とつながる自由」と引き換えに私たちが背負ったのは、「世界中から見られるリスク」でした。

・その場のノリで写真をSNSに投稿し、職を失った
・過去につぶやいた内容を理由に内定が取り消された
・一緒に写った人に無許可で写真を公開した後、疎遠になってしまった

「公」と「私」の境界線があいまいなネット時代には、一瞬で有名になるチャンスもあれば、たったの一言あるいはたったの一枚で、身近な周囲の人からの信用を失うことも起きています。

　人を採用するときや、ビジネスパートナーを見極めるときにも、事前にネットでの発言や活動歴を調べるのは当た

り前のこととなりました。

　どんなに「リアル」で評判よく、能力や技術が秀でていても、ネットでの投稿内容が稚拙だったり、毒づくような感情的なコメントだったりすると気づかぬうちにフォローを外され、「つながり」を遮断されます。

　ネットでのコミュニケーションが主流になる裏で、リアルでのコミュニケーションを苦手とする人も増えているようです。言いたいことが言えない。あるいは、勢いに任せて言わなくていいことを言ってしまう。また、「本当に、言いたいこと」への意識がすっぽり抜け落ちてしまっている印象もあります。

　重要な秘密をもらすようであれば「誘いたい」とは思われません。価値観の異なる周囲の人たちと、理解を深めながら仕事を進めていくことができなければ、リーダーに「選ばれる」こともないでしょう。

　では、リアルとネット、ふたつの世界で生きる私たちが今、必要とする「情報を扱う力」とは何でしょうか？

　私は、情報を「発信する」と同時に「発信しない」ことを意識すること、すなわち、「口の堅さ」ではないかと考え

ます。

「無口になれ」と言うのではありません。時と場合、相手や内容をみながら、「言うこと／言わないこと」を瞬時に判断する能力と言えます。

　つまり、「言葉を選ぶ力」です。

　誰もが、いつでも「モノを言える時代」だからこそ、「伝えること」「伝えないこと」の判別を臨機応変にできる「口の堅い人」が誘われ、選ばれるのです。

「情報の発信者」としてのリテラシーを高めることが、リアルとネット、ふたつの世界を生きぬく鉄則と言っても過言ではありません。

一億総メディア時代を生き抜く「良い言葉」を選ぶ力

　メールマガジン編集の仕事をはじめて、10年になります。私はエグゼクティブコーチが執筆する原稿の「最初の読者」として、目を通します。

　そして、

「執筆者が言いたいことが伝わる内容になっているか？」
「だれかを傷つけるニュアンスなど含まれていないか？」
「エビデンスや参考資料の記載に間違いはないか？」
「分かりやすい言葉になっているか？」
「誤解を招く表現は使われていないか？」

　などを確認しながら、配信までの間に何度も何度も、編集を繰り返します。

　それはまさに、情報を判断し、取捨選択しながら、「言うこと／言わないこと」を線引きし、「言葉を選ぶ」作業です。

　日本でも、企業や官公庁、研究機関、医療業界、教育、スポーツなど、さまざまな分野の方が、エグゼクティブコーチをつけるようになってきました。

　コーチの役割のひとつである「対話」によって、自らの思考を深め、自分や組織を表現する「良い言葉」を選ぶ時間を必要とするリーダーが増えているということでしょう。

　本書では、情報を扱う広報スペシャリストとしてのノウハウに、エグゼクティブ・コーチング・ファームで培ってきたコミュニケーションの知識を織り交ぜながら、リアルとネット、ふたつの世界で必要な「情報発信」の基本マナー

についてお伝えします。

　1章では、「なぜいま、"口の堅さ"が求められるのか？」について、情報拡散が良しとされるなか、戦略なき情報発信で周囲や自分が傷つくリスクや失敗事例をご紹介します。

　2章では、「言うこと・言わないこと」を線引きするための視点として、プライベートとビジネスの側面から、「言ってはいけないこと」について考えます。

　3章〜4章では、「言ってしまった！」を防ぎ、周囲から誤解を招かないための「言わない技術」と「言い換える技術」を提示します。

　5章では、情報を選択するときの視点として、「情報の見極め方」「ひとつの事実から解釈を選ぶ」をテーマに、偽ニュースに踊らされないための情報選びや、ものの見方について考察します。

　6章では、「言うべきこと」を探すプロセスとして、自分の言葉を使ったビジョン構築や、「ファクト（事実）」「フィーリング（感情）」「フューチャー（未来）」の3つのFの視点で「自分の言葉」を掘り下げるアプローチを解説します。

7章では、「より選ばれる人」になるための**「言葉のセンス」**を磨く「考える時間」をもつことに触れます。

　また、巻末には、広報担当者の基本知識である「プレスリリースの書き方」の考え方を軸にした**「伝え方の基本」**を掲載しました。

　本書で学んだことを実行していただければ、リアルの世界でも、インターネットの世界でも、「言ってしまった後悔」は減るでしょう。そして、「言葉を選ぶ力」を高めることで多くの人とつながりを築き「より良い関係」を維持するためのさらなる一歩になると信じています。

「選ばれる人」は、なぜ口が堅いのか？
目次

はじめに
「選ばれる人」はなぜ口が堅いのか? ……… 2
情報の発信は、どこかの誰かを傷つけている ……… 2
モノ言える時代に選ばれる「口の堅い人」 ……… 5
一億総メディア時代を生き抜く「良い言葉」を選ぶ力 ……… 7

第1章
なぜ、成功する人は「言わない」を選ぶか ……… 19

「言う」「言わない」を選ぶ時代の到来 ……… 20
オープン、シェア、フリー、つながりを体現する
神保町の定食屋「未来食堂」 ……… 20
「言わなきゃよかった」後悔が増えるネット社会 ……… 23
「公」と「私」の直結で、誰もが得た
言える「自由」と言われる「不自由」 ……… 24

「選ばれる人」はなぜ口が堅いのか? ……… 27
人からの信頼を得る、最大の切り札は「口の堅さ」 ……… 27
選ばれる人がしている「沈黙と饒舌」の使い分け ……… 29
舞台裏を見せない、夢の国の徹底演出 ……… 30

「選ばれない」のはなぜか? ……… 32
ウェブに出回った情報は、永久に消せない烙印 ……… 32
友人が疎遠になった集合写真の無断投稿 ……… 36
送り手には見えない、受け手の心理状態 ……… 38
公開「ありがとう」公開「おめでとう」の功罪 ……… 40
友達リストに潜む「分かったつもり」 ……… 42
所属タレントの窮地を救った女性社長のツイッター対応 ……… 43

第2章
「選ばれる人」は何を「言わない」のか? ……45

「選ばれる人」が言わない5つのこと ……46
お茶席で話題にしない「我が仏 隣の宝 婿舅 天下の軍 人の良し悪し」はコミュニケーションの根幹 ……46
明石家さんま、三浦知良、福澤諭吉に共通する、ひとつのこと ……48
働く人の基礎知識「言わないこと」リスト ……52
- 自社情報／業務内容 ……52
- クライアント情報 ……53
- 役員の裏話 ……55
- 経営者の健康状態 ……55
- 転職直後は要注意!「前の所はこうだった」話 ……56
役割を演じる、役割に徹する ……57
「言ってしまった」を防ぐ最強の守り札は大切な人の顔 ……59

第3章
「口が軽い」人のための「言葉を選ぶ技術」……63

失言を回避する「言わない」技術 ……64
福澤諭吉のフィールドワーク「対等の意識は誰がつくるのか?」……64
サービス精神旺盛な人こそ要注意 ……67
タブーやNGワードは増え続ける ……68
世の中の空気の潮目をとらえよ ……71

オフレコは利かないと思え ... 73
ベテラン政治家に学ぶ、失言回避の6つの「た」 ... 74
プロ意識からの「言わない」決め ... 76
失敗記者会見に学ぶ、謝罪時の「言い訳NG」 ... 77
「シラ」を切った英王室スポークスマンのプロ対応 ... 78
「何を言っても許される人」が欠かさない即時フォロー ... 80
失言予防の便利な前置きフレーズ ... 81
知らない「フリ」も大人の流儀 ... 82
「迷ったら、言わない」を選ぶ ... 84

第4章
ピンチを切り抜ける「言い換える技術」 ... 87

タモリに学ぶ、否定でも肯定でもない
「はぁ」「へぇ」「ほぉ」のリアクション ... 88
天皇皇后、ご結婚25周年目の感謝状 ... 89
たかが「一字」、されど「一字」 ... 90
コンプライアンス対策の基本「固有名詞の略称化」 ... 91
人が思わず動きたくなる「言い換え」の術 ... 92
否定を肯定で言い換える ... 94
タイタニックに学ぶ、相手の心のくすぐり方 ... 96
ほどほどの満足感をもたらす「チラ見せ」トーク ... 97
「人」から「コト・モノ」への目線移動 ... 98
「コト」から「人」を外して観る ... 100
角の立たない「NO」の伝え方 ... 102
「説得」を「沈黙」に換える ... 106

第5章
失敗しないための「偽情報」の見分け方 ……… 109

偽ニュースを信じない、広めないための「情報」の見極め方 …… 110
わが身を守る、情報モラルの「超」基本 …… 110
シェアする前に要チェック!「5つの確認ポイント」…… 112
- ポイント①　情報源、発言者の信頼度を調べる …… 113
- ポイント②　元ネタを確認する …… 116
- ポイント③　複数の情報を比較する …… 120
- ポイント④　他人の作品の利用には許可をとる …… 122
- ポイント⑤　間違えたら「訂正」、状況が変われば「追記」で継続フォローする …… 125

フェイスブックが提唱する「偽ニュース」の見分け方 …… 128

ひとつの「事実」と幾通りもの「解釈」…… 129
コップ半分の水の量、多い? 少ない? …… 129
解釈を言葉で変える …… 130
取り調べ室で行われた、解釈の闘い …… 134
その事象、ネガティブ? ポジティブ? …… 136
「○○はすごい!」「○○は惜しい!」で良いところ発見の練習 …… 136
「白黒つける」よりも「グラデーションの幅」を広げる …… 138
強みは弱み、弱みは強み、人を観る4つの視点 コミュニケーションの「タイプ分け™」…… 140
愚痴や不満はイノベーションの源 …… 144
「言う? 言わない?」を考える一拍の間「3つのF」の視点 …… 147

第6章
では、何を伝えるべきなのか? 149

「言いたいこと」はあなたの口が教えてくれる 150
- 「選ばれる」ために「言うこと」を選ぶ 150
- 人はビジョンと足跡に誘われる 152
- 「自分の言葉」でしか伝わらない 153
- ビジョンを「自分の言葉」に置き換える 154
- 「立ち止まる時間」から生まれる「本物」への確信 157
- 誰もが、「自分の言葉」をもっている 158
- コーチは言葉を探すパートナー 159
- AIがまだ持たない、人間特有の能力「目的の設定」 160
- ゲストの言葉を引き出すキャスターの仕事 163
- ビジョンを作る「3つのステップ」 164

「言いたいこと」を磨く方法 166
- 「自分の言葉」を探す「3つのF」の視点 166
- 「自分の言葉」を磨く「質問カード」 172
- 「質問カード」で再確認した、私の「言いたいこと」とは? 178

第7章
「選ばれる人」になる言葉のテクニック 181

言葉の苗を育てる
〜「言いたいこと」をみつける「考える」時間〜 182
「岡目八目」に徹し無名の評論家を見守り続けた
ベテラン編集者 184

「言葉の苗」を育てるスローな時間の創り方 ……………… 185
「言葉」を増やす ……………………………………………… 195
「言い続ける」は、より良き未来への、
最強のリスクマネジメント …………………………………… 197
「言葉の種」をみつける ………………………………………… 199

付録:分かってもらうための「伝える」技術 …… 203
誤解を招かない伝え方の基本構造「逆ピラミッド」 ……… 204
記者会見でも鉄則「結論ファースト」 ……………………… 206
「正しい日本語」は社会人の基本マナー …………………… 210
読みやすい文章とは? ………………………………………… 214
思わず引き寄せられる文章 …………………………………… 216
思想は無意識な口癖に潜む …………………………………… 219
書き言葉のチェックポイント:発信前の「指さし確認」 …… 222

おわりに ………………………………………………………… 225
参考資料 ………………………………………………………… 228

第1章

なぜ、成功する人は「言わない」を選ぶか

「言う」「言わない」を選ぶ時代の到来

オープン、シェア、フリー、つながりを体現する神保町の定食屋「未来食堂」

　古本の街、東京・神保町にある「未来食堂」。

　店主の小林せかいさんは、エンジニアとしてIBMやクックパッドで務めた後、飲食店での修業を経て、カウンター12席の小さな定食屋さんを開いています。

- メニューは日替わりの1種類のみ
- まかない――誰でも50分働けば1食900円の定食が無料になる
- ただめし――50分のお手伝いで自分以外の人に1食分プレゼントできる
- あつらえ――店にある食材でおかずのオーダーメイドができる
- さしいれ――飲み物の持ち込み自由。その半分はお店に差し入れる

　小林さんは、ITエンジニアの世界では一般的な「知識をシェアすることで業界全体を良くしていく」という思想を

ベースに、ユニークで合理的な運営システムや、事業計画書、毎日のまかない管理、月次決算までもネット上で公開するという、オープンな姿勢を貫いています。

　開店から1年数か月後には、「これまでにない仕組みを考え、飲食業に新風を吹き込んだ」として、日経BP社の「日経WOMAN」が主催する「ウーマン・オブ・ザ・イヤー2017」の食ビジネス革新賞に選ばれました。

　数々の斬新な取り組みと共に、私がとくに注目するのは、小林さんの戦略的な意図をもった「情報発信」のスタンスです。

　ネットでの情報の透明化は、食堂という形を通して「誰もが受け入れられ、誰もがふさわしい場所を作りたい」という小林さんの「伝えたいこと」を広く、誤解なく伝えるシステムのひとつだと言います。その想いや意図を、『やりたいことがある人は未来食堂に来てください』（祥伝社）などの書籍でも開示しています。

　同時に、小林さんは「伝えないこと」も明確にしています。むしろ、「『何を伝えるべきか』よりも『何を伝えないべきか』を決めておくほうが重要」だと言います。

サイトでの公開情報の中には、「取材される方へのお願い」という、取材を申し込むメディアに対して「未来食堂として伝えたくないこと」などが明記されたコーナーもあります。

〈伝えてもいいこと〉
- 元会社員であること
- 理系、元エンジニアであること
- （性別学的に）女性であること

〈伝えたくないこと〉
- 母であること
- "リケ女"であること
- 料理のおいしさ
- 「ブーム」としての扱い

小林さんは、メディアに出るときはエプロン姿のみにするなど、「見え方」においても一貫性を徹底しています。「伝えないこと」を明確にした上で自分のアイデンティティに合った「伝えたいこと」を絞りこみ、特化する。そして、「誰もが受け入れられ、誰もがふさわしい場所を作る」ことにむけて必要だと思われるビジネス戦略やその背景にある思想はオープンにする。一方で、その目的に合致しない情報はクローズにする。

「言うこと」と「言わないこと」を戦略的に使い分ける、未来型の情報戦略術をここにみます。

「言わなきゃよかった」後悔が増えるネット社会

現代ほど、情報の扱い方が難しい時代はないでしょう。そうなった理由の一つに、インターネットの発達があります。

フリー、シェア、オープン、パブリック、つながりといった言葉とともに「情報拡散」がよしとされ、戦略なき情報発信が、周囲も自分も傷つける時代になってきました。特にツイッターやフェイスブック、ラインなどのSNSは、使い方を誤ると深刻なトラブルを引き起こしかねません。

一瞬の感情をダイレクトに発信できるSNSの使い方は、それがそのまま「人としての信頼性」に直結します。**不確かな情報を無自覚に拡散したり、感情のはけ口のように発信したりする人は「ノイズ」になり、フォローを外され、気づかぬうちに「つながり」を遮断されます。**

昔は「あの人は評判がいい」とか「評判が悪い」といえば、直接知る人たちの間でのリアルなパーソナリティを意味しました。

しかし今では、ネットやSNS上でどんな発言をし、どのように振る舞っているかというネットでのパーソナリティも、人を見極め、信頼し、選択する重要な要素となります。SNSには、その人の「素」や「価値観」がにじみ出るからです。

　誰もがメディア化した「一億総メディア化時代」と化した今、新聞社や雑誌社、テレビ・ラジオ局のような大きなメディアだけでなく、企業も個人も「本当に伝えたいこと」は積極的に発信し、自社や自分のことを理解してもらう。その意識を高めることが誰にも必要な時代と言えます。

「公」と「私」の直結で、誰もが得た 言える「自由」と言われる「不自由」

　英オックスフォード辞典は、2016年を象徴する言葉に「ポスト・トゥルース（ポスト真実）」を選びました。

　「情報が事実かどうかより、情報の受け手の感情や信念に訴えかけるものの方が世論の形成に影響力をもつ」という意味で、英国のEU離脱や、米大統領選での大衆心理や行動を読み解くキーワードだそうです。

　共感が共感を生んだ例としては、日本では「保育園落ちた日本死ね!!!」で始まる匿名女性のブログが、女性活躍推

進や待機児童問題に一石を投じました。

　良くも悪くも、一個人の一票、ワンクリックが「真実の創造」「世論の形成」への影響を高めていく流れは今後も変わらないでしょう。だからこそ、私たちは「自分の発信すること」を責任をもって選んでいかなければならないのです。

　SNSの発達によって、「"社会"の中の"私"の位置づけ」は大きく変わりました。

　これまでは、「私」と「社会」の間に、家族や友人・知人、自分の関係する世間、メディアなど、何層ものレイヤーがありました。しかし、SNSによって「私」と「社会」の直結が起こり、目の前に突如「社会」が広がっている状態になりました。

　そうした中では、誰もが、社会のなかでの「私的なもの（プライベート）」と「公的なもの（パブリック）」の境界線を日々問い、自ら選択すべき時代になったといえます。

　脳科学者としてテレビや雑誌、書籍出版など、多岐にわたるメディア活動を積極的に行う茂木健一郎さん。茂木氏は2017年3月、ツイッターで「日本のお笑い界は終わっている」と発言したところ、タレントや芸人、一般人を巻き

込む炎上に発展しました。

　茂木氏は後日、炎上について、「居酒屋で愚痴るくらいのノリ」「僕のツイートなんて誰も見てないと思った」とテレビ番組で明かしています。

　あらゆるメディアに登場している茂木氏ですら、SNSでの発信は情報の受け手の顔が見えにくく、自身のつぶやきが社会に直結していることへの意識が希薄だったということなのでしょうか。ましてや、世の中に情報を発信する機会に慣れていない私たちはなおさら、**情報を発信するリスクへの意識**を高める必要があるということです。

　『情報倫理　～ネット時代のソーシャル・リテラシー』（髙橋慈子ほか著、技術評論社）では、リアル世界でのマナーにネット上の特性を追加したエチケットとして、以下の項目をあげています。

　　①参加者が互いに尊重する
　　②一時の感情で書き込まない
　　③引用や転載に留意する
　　④自分や知人のプライバシーに留意する
　　⑤知的財産権に留意する

「本当に伝えたいこと」を発信するためにも、これらの基本事項は、情報の送り手（＝メディア）として、誰もが日常的に徹底したい事項です。

「選ばれる人」は
なぜ口が堅いのか？

人からの信頼を得る、最大の切り札は「口の堅さ」

　人が人を見るとき、「何を言うか」と同時に「何を言わないか」が無意識のうちにその人の評価を大きく左右してはいないでしょうか？

　実績がありながら、なぜか人から信頼を得られない人は、ひょっとしたら秘密を守れないとか、余計な一言を言ってしまうといった傾向があるかもしれません。このような特徴や傾向は、本人もなかなか気づきにくいことです。

- 友人、知人を紹介される
- クライアントとの会食に誘われる
- 意思決定の場に呼ばれる
- 新規プロジェクトメンバーに抜擢される
- 重要顧客を紹介してもらえる

- プライベートな飲み会に誘われる
- 昇進のチャンスを得る
- 休日のイベントに声がかかる

こうした「人とのつながり」にむけた大小さまざまな「誘われる」「選ばれる」チャンスを得るための地味ながらも重要なポイントのひとつが、「口の堅さ」です。

ビジネスの世界ではいま、コンプライアンスの意識向上が求められています。そのため、組織はその大小を問わず、「攻め」と「守り」を両立した情報戦略によって、倫理観や道徳観の維持と、透明性の高い情報開示の両立を模索しています。それは同時に、イメージを下げる可能性のある情報は不用意に出さない、ということです。

同様のことが個人レベルでも求められています。一般の会社員や個人事業主も守秘義務への意識を高めることが必要になってきました。弁護士や経営コンサルタントなど、職業によっては職務上知り得た情報を口外しないという守秘義務があります。会社員の場合、懲戒処分や退職せざるをえなくなるリスクもありますから、企業によっては、教育やトレーニングの場、社員向けの規定やガイドラインを設けています。

今や、働く人はみな、「口の堅さ」への意識を高めるべき時代なのです。

選ばれる人がしている「沈黙と饒舌」の使い分け

メガバンクなどで要職を歴任した知人は、日頃から誰に対してもオープンに話します。

たとえば、初対面の人にスマホで自分と有名人が一緒に写った写真を見せる。大物政治家とヨットでクルージングしていたり、誰もが名前を知る経営者とゴルフしたりしているプライベートショットが満載で、見せられた方も「おお!」と思う。「いつでもご紹介できますよ」と交友関係やネットワークの広さを見せておいて、フッとスマホをポケットにしまう。そして、彼らとどんな話をし、どんな関係なのかといったことについては一切触れない。それをとても自然な形でするのです。

ビジネスの世界では、ネットワークや能力、過去の実績の一部を見せることも、時と場合によっては必要でしょう。投資を募る起業家であれば、ある程度、自分を大きく見せることも必要です。

要は、場やタイミング、内容、相手に応じて「言う」「言わない」を天性の勘、あるいは戦略的にコントロールする。

その能力がこれからの時代を生き抜く上で大きな差になるということです。

　ひとつの情報も、「全員に一斉に発信する」「あの人には出すけれども、この人には個別に知らせる」と区分けする。また、情報を発信する際の手段やツールを使い分ける。こうした小さな「沈黙と饒舌」の使い分けが、リアルとネットの世界、双方での人間関係の構築、維持に影響していくのです。

舞台裏を見せない、夢の国の徹底演出
「みんながやっているから自分も」
「はやっているから、どんなものか知りたくて」

　SNSを始めた動機は、おそらく「なんとなく」という人も多いでしょう。しかし「誰からも見られている」SNSは、プライベートな人間関係や日常での喜怒哀楽が表出しやすいことから、その人自身の評判や「見られ方」に直結します。

　「多少のリスクがあっても、これだけは発信したい」と意図的に発信するか、「誰に見られても問題ないことしか書かない」など自分なりの戦略や方針を決めることが大切です。

ずいぶん昔ですが、広報仲間の知人に、ある企業から「次の選考に通れば、役員のポジションにする」という話がありました。ところが、十中八九、内定は間違いないと思われていたのに、突如その話が見送られてしまいました。本人も理由がわからなかったのですが、後日、彼が数年前に投稿したSNSでの発言が原因だったことが判明しました。

　「〇〇社の受付嬢はいつも美人だ」というツイッターでの書き込みが上層部の目に留まり、「情報発信のプロとしての意識が甘い」と、ほぼ確定していた内定が取り消されたのです。

　2017年4月には、ハーバード大学が、フェイスブックで不適切なやりとりがあったとして、同年秋に入学予定だった少なくとも10人の入学許可を取り消したことを、同大の学生新聞「ハーバード・クリムゾン」が公表しています。

　合格者同士がつながるフェイスブックの中で、人種差別的な発言や画像のやりとりなどをするプライベートグループがあったそうです。大学は、「実直性や人的未熟さ、道徳性に疑問がある場合は入学を取り消す権利がある」と、入学選考のルールを説明しています。

　夢の国ディズニーランドでは、アトラクションやレスト

ラン、ショップやトイレなど、ゲスト（お客さま）の目に触れるエリアを「オンステージ」と言い、キャストの休憩室やロッカールーム、設備のメンテナンス、食材や商品の倉庫や搬入・搬出経路などを「バックステージ」と言います。そして、「オンステージ以外のところをゲストに意識させない」ために、休憩するミッキーマウスはもちろん、舞台裏をゲストの目に触れさせないようにしています。来場者が現実世界を忘れて「夢の国」の魔法にかかっていくのは、そうした陰の努力によるものなのです。

「見せるもの以外のものは見せない」
「言わなくてよいことは言わない」

　これを徹底するからこそ、「本当にやりたいこと」「本当に言いたいこと」「本当の自分」をぼやかすことなく、伝えることができるのです。

「選ばれない」のはなぜか？

ウェブに出回った情報は、永久に消せない烙印
「ネットの情報はいずれ消えるもの」と思ってはいないでしょうか。

一度ウェブ上に出回った情報は永遠に消せない烙印のようなもの。いくら削除したりサイト運営者に削除依頼しても、誰かがコピーし拡散したら、無にするのはほぼ不可能です。転載に転載を重ねてしまうと、誰も全貌を把握できないからです。

- 学生がアルバイト先の冷蔵庫や冷凍庫に入った写真をSNSにアップ
- 従業員が有名人の顧客情報をツイッターで発信
- 市役所職員が企業の固定資産税の申告書が含まれる画像を投稿

　SNSへの個人的な投稿で問題になる事件は多々起きています。身近な知人友人を面白がらせる程度のノリで投稿した情報が拡散され、内定していた就職が取り消されたり、社員の行動について企業が謝罪するといったレベルにまで発展しています。

　広告代理店でアルバイトをしていた20代の男性がいました。仕事を通じて有名人に会うこともあり、

「政治家の○○に届け物をするため△△本部に来てる」
「六本木で芸能人の○○ちゃんに会った。すごくかわい

かった」

　といった内容を自分のツイッターで流していました。

　アカウントに鍵をかけていたとはいえ、業務内容を口外してしまった。ある日突然、広告代理店の総務部にメールが来ました。そのメールには「御社でアルバイトしている人が、ツイッターにこのような投稿をしています」という文面とともに、過去の投稿内容すべてが貼りつけてあったそうです。結果、退職勧告になりました。

　鍵付きのアカウントということで油断していたのでしょう。しかし公開を限定していても、自由に編集され、拡散されることもある。ネットの世界はリアルよりも、ずっと筒抜けの世界だということです。

　匿名であっても名前が特定され、個人情報や写真を拡散されるケースもあります。**ネットの世界では、一度発信したものは完全に取り消すことは不可能だと覚悟する必要が**あります。

　グーグルの元CEOエリック・シュミットが「若者は、友達のソーシャルメディアに残された"若気のいたり"と縁を切るために、大人になると自動的に名前を変える権利が

与えられるようになるだろう」と予想したという記事があると知り、恐ろしく感じたのを覚えています。

　名前を変えるまではしなくとも、定期的に自分の過去の投稿を見直し、必要であれば整理整頓する習慣も必要になってくるのかもしれません。

　スマホやインターネットがなかった時代は、「真夜中に書いた手紙は、投函する前にもう一度読み返せ」と言われていました。夜中に一人で文章を書いていると気持ちが高ぶり、大げさな言葉を書き連ねてしまう。翌朝読み返すととても出せるものではないというわけです。

　手紙の時代は、投函する前に封筒の宛名を書き、封をして切手を貼り、ポストまで行くというように、「この内容を相手に届けていいのか？」を考え直す機会が何度もありました。ところが、一言、あるいはイラストを選んで指を数ミリ移動させるだけでメッセージを届けてしまえる。その手軽さが、問題投稿を引き起こす一因でもあるのではないでしょうか。

　テキストを書いたらそのまま発信するのではなく、一瞬でもいいから、「間」をおく。一拍おく、と決めるだけで、内容を俯瞰して客観的に見直すことができます。冷静にな

ると、「この表現では誤解されるかもしれない」と気がつくこともあるかもしれません。

メールやチャットのレスポンスのスピードは速くなる一方です。メールは、その日のうちに返事をするのが「ビジネス界の常識」と言われますし、ラインは「既読スルー」だと相手が気にするのではないかと、プレッシャーを感じることもしばしばです。

こんな時代だからこそ、

「お酒を飲んだ直後はSNSはしない」
「SNSでのレスポンスはしばらく下書きを寝かせてから投稿する」

などの「自分なりのルール」をもつことが、自分を守ることにつながります。

友人が疎遠になった集合写真の無断投稿

他人の写真を見るのはSNSの楽しみのひとつですが、トラブルの火種になることもあります。

お酒の席で解散前に撮った記念写真が投稿されることはよくあります。楽しかった思い出を共有したいという、良

心による投稿がほとんどでしょう。でも、グデングデンに酔っ払った状態で撮影されたものが知らないうちに「誰々と一緒にいました」とタグづけされたらどうでしょうか。あるいは、会員限定の会での写真を、許可なく投稿されてしまったら。

　許可のない投稿は、写真に写っている本人だけでなく、知人、友人、家族に不快感を与えることもあります。

「あの人は断りもなく他人の写真をアップする人だ」

　と思われれば信用の失墜になります。

　ホームパーティーに招かれて、「〇〇さんの家、素敵だった」「ご飯がおいしかった」と、お礼のつもりで写真を載せることもあるでしょう。

　このとき要注意なのが、スマホの全地球測位システム（GPS）機能がオン状態で、撮影場所が特定されてしまうことです。こうなると、その個人宅の場所を公開してしまうことになります。

　最近は、ツイッターやフェイスブックなど、多くのサービスでは、投稿時に自動的に位置情報が削除されるようで

すが、自分でブログなどに画像をアップするような時には、とくに確認が必要です。

　GPSをオフにしていたとしても、窓の外の風景や陽が差す方角がヒントになり、場所を特定できることもあるからです。個人情報の漏洩やストーカー被害などが問題になっている現在、このような点にも意識をむけることが必要です。今や、**写真を投稿するときは、事前に関係者に許諾を得ることは最低限のマナー**なのです。

送り手には見えない、受け手の心理状態

　SNSで人の投稿が時系列に流れる画面をタイムラインといいます。そこに何が表示されているかは、人によって違います。つまり相手のタイムラインに今、どんな記事が並んでいるのかは他人にはわかりません。

　世界各地の自然災害やテロ事件、事故などは瞬時にニュースとなり、情報化されていきます。知り合いの安否確認のためにフェイスブックを使う人も多いでしょう。そのとき、「昨日はみんなが私の誕生日を祝ってくれました」という楽しそうな投稿が目に入ると、気持ちにギャップを感じるものではないでしょうか。

　もっともこれは仕方のないことで、悪気があって投稿し

ているわけではなく、SNSとはそういうふうに設計されているものです。

　とはいえ、そこに多少の配慮があってもいい。たとえば大切な人が亡くなったばかりだとします。それを知って、ていねいなお悔やみの言葉をくれた友達が、直後に、焼き肉パーティーで楽しげに遊んでいる投稿をしたとしたら、「あれ？」という感情が起こるかもしれません。

　大きな災害や事件があったとき、企業の自社サイトやメルマガ、SNSでの情報をどういうトーンにするか、担当者は非常に悩みます。3.11直後、被災地の東北から距離的に離れた地域にある会社のメールマガジンが春の訪れを感じさせるあいさつ文を載せていて、驚きました。

　暗い空気の中で平常心を保つことを意識し、通常どおりのトーンを意識した結果だったのかもしれません。また、過剰に悲痛になるのも不自然ではあります。行き過ぎた自粛は不要ですし、自粛を「強要」するのもおかしな話ですが、多くの企業が自社サイトのトップページに被災者へのお悔やみを載せているなか、異色の空気を感じたケースでした。

　SNSは、誰もがハッピーな状態で見ているわけではない。発信する一瞬前に、そのことを思い出してみるのはどうで

しょうか。

公開「ありがとう」公開「おめでとう」の功罪

　SNSの難しさの一つに、一対一のコミュニケーションにするか、全員に公開するか、があります。

　Aさんの家で開かれた鍋パーティーに招かれたBさんが、翌日フェイスブックに、「友人Aさん宅でのお鍋、とってもおいしかった」と投稿したとしましょう。それを見たCさんは、「私はAさんともBさんとも親しいのに、招かれなかった」とショックを受けるかもしれません。

　もしくは「Bさんは私の誘いを『忙しいから』と断ったのに、Aさんのパーティーに行っていたのか」と傷つくDさんの存在があるかもしれません。思わぬ形で嘘が発覚したりすることもあります。

　または、「子どもが受験に受かりました」と投稿したとします。すると、いろいろな人から「おめでとう」というメッセージが寄せられます。不特定多数の人たちに「おめでとう」が公開されます。しかし同じころ、子どもが受験に失敗してハッピーではない人がいる可能性もあるわけです。

　誰かが喜び、嬉しい思いをしている裏で、別の感情を味

わっている人もいる。それが、微妙な形でリアルな関係にも響いてくることがあります。

　私は、特定の人にSNSを通じてメッセージを送るときは、極力、その人一人のみにダイレクトに送るようにしています。お礼やお祝いを言われる側も、「気持ちはうれしいけど、みんなにわかるような形にはしないでほしい」と思うこともあるからです。

　何よりも、一対一での直接のメッセージの方が、他の人たちに気兼ねなく、心からの感謝やお祝いの気持ちを伝えられると思うのです。

　「リア充」という言葉がありますが、「フェイスブックに投稿する内容は、99％が自慢だと思う」と言う友人がいました。「どこそこに行きました」「誰と会いました」という近況報告は、本人にそのつもりがなくても自慢だというのです。

　確かに、SNSでの投稿は、家族と出かけたときの写真や仲間とおいしいものを食べている場面、イベントやレジャーを楽しんでいるときの様子が多く投稿されます。

　自覚がなくても、自分の投稿が「友人が多くてうらやましいな」「私より仕事が充実しているんだな」など、他の誰

かを落ち込ませる可能性があることを想像してみてもいいかもしれません。

友達リストに潜む「分かったつもり」

　フェイスブックには、「友達」の一覧機能がついています。この機能があるからこそ、音信不通だった幼馴染との再会や、雲の上の存在だった人たちとのネットワークができるなど、人とのつながりの可能性が拡大するメリットがあります。

　しかし、現実の世界での関係性まではわかりません。親密度の違いなくさまざまな関係性の人が入り混じり、一緒くたに「一覧表示」されるからです。が、ともするとそのことを忘れ、「あの人とあの人は友達関係だ」「あの人とつながっているのであれば、気まずいな」など、一覧のみで短絡的に判断してしまうことはないでしょうか。

　パーティーで1回会っただけの人もいれば、学生時代からの親友もいるでしょう。上司や取引先関係者からの友達申請を断るのがはばかられて承認してしまった人もいるでしょう。

　友達リストからだけでは、関係性の濃淡までわかるわけではありません。SNS上のプロフィール情報や友達情報を

見ただけで「この人はこんな人だ」と分かったつもりになるのは惜しい。時間をかけて人間関係を深める楽しみのひとつが奪われるような気もします。

「その人を知る」という点でも、時にはSNS情報を離れて、「生身」の人と直で向き合う緊張感や近況を直に聞く楽しみも忘れずにいたいものだと思います。

所属タレントの窮地を救った
女性社長のツイッター対応

　SNS使用のリスクについてご紹介してきましたが、もちろん、正しく使いこなせば、大きなメリットを得られるツールです。

　「SNSは怖いから一切やらない」という人もいますが、窮地を救うツールにもなります。

　タレント活動をする元サッカー選手の前園真聖さんが、酒に酔ってタクシーの運転手への暴行容疑で逮捕されたことがありました。このとき、彼の所属するマネジメント会社サニーサイドアップの次原悦子社長は、自分の個人ツイッターを使い、情報を発信し続けました。

　事件が明るみに出るや、「前園真聖の報道の件ですが、現

在弁護士が状況確認中です。追ってご報告致します」とツイートしました。そして事態の進展にあわせて企業サイトでの情報公開と並行してツイートを更新。不都合なことも隠さない姿勢と、素早い対応、被害者に対する個人としての真摯なお詫び、相手の理解への感謝の気持ちの表明が、タレントや事務所の評判を落とさずに済む抑止力となったのでしょう。前園さんは、今では活動復帰し活躍しています。

「言うべきこと」を即効性のあるSNSでタイムリーに公開した対応として記憶に残っています。

　また、東日本大震災時、安否確認や救助要請などにツイッターを中心とするSNSが果たした役割には大きいものがありました。

　専門知識を持った有識者の冷静な情報発信のおかげで、状況の沈静化が促進された部分もありました。NHKの科学文化部、略して「かぶん」は、放射能情報などをツイートし続けました。SNSが日本の災害支援に役立ったのは、それまでの災害時には見られなかった光景だと思います。

　私たちが個人で情報を発信するときも、SNSは強い味方になってくれます。

第 2 章

「選ばれる人」は
何を「言わない」のか？

「選ばれる人」が言わない
5つのこと

**お茶席で話題にしない
「我が仏 隣の宝 婿舅 天下の軍 人の良し悪し」
はコミュニケーションの根幹**

「公私」の境がなくなった今、自らの身を守る「言わないこと」とはどんなことなのでしょうか。

　住職で裏千家の茶人でもある方のお話を伺ったことがあります。

　お茶席とは、もてなす人と招かれた客とが対等な立場で、俗世間と切り離された空間を楽しむもの。だから、"俗っぽい話" は避けるのがマナーなのだそうです。それを表すものとして、次の言葉を教えてくださいました。

「我が仏　隣の宝　婿舅　天下の軍　人の良し悪し」

　これは、利休の弟子、山上宗二が茶席で話題にすべきではないことを肖柏夢庵という連歌師の狂歌を引用して教えたものだそうですが、どれもが日常のコミュニケーションに通用します。

・我が仏
　宗教についての話題。宗教や思想、信条など、その人にとって根底となるものです。自分とは異なる宗教を信じる人を批判したり、あるいは無宗教の人がうっかり否定的なことを言うと、侮辱したことになってしまいます。いわば、取り扱い注意の話題の筆頭です。

・隣の宝
　財産について話すこと。「あの人の年収はいくららしい」と噂したり、「ボーナス、いくらだったの？」と聞いたりするようなことにあたるでしょうか。

・婿舅
　愚痴の出やすい家族の話。親子、兄弟については、言いたいことも多々あるものですが、それについて愚痴をこぼせば浮世の生臭さを茶室に持ち込むことになります。

・天下の軍
「天下のいくさ」と読み、政治についての話です。政治の話題は、とかくヒートアップにつながるものです。場の空気やメンバーの状態を敏感にくみとりたいテーマです。

・人の良し悪し
　人の噂話、他人の中傷、批判発言です。

私は、これら5つを「舌、かせよ」で覚えています。

　し（しゅうきょう）＝ 宗教（宗教、思想）
　た（たから）＝ 宝（財産、経済状況）
　か（かぞく）＝ 家族（両親、子ども、親戚）
　せ（せいじ）＝ 政治（政治、経済、仕事）
　よ（よし・あし）＝ 良し悪し（噂話、悪口、批判）

　今話そうとしていること、書こうとしていることがこのどれかに当てはまるとき、

「本当に言うべきなのか？」
「発信すべきなのか？」
「この場、シチュエーションは適切なのか？」
「このタイミングで良いのか？」

　など、一瞬でも考える習慣をもつことができれば、リアルとネット双方ともに、大きな失敗は避けられるはずです。

明石家さんま、三浦知良、福澤諭吉に共通する、ひとつのこと

　不満や愚痴、批判や悪口こそ、戦略的に「言う」「言わない」を自分でルール化しておきたいことの三本指に入ります。

「上司が自分を目の敵にしている」
「部下が報連相を怠る」
「あの人は、ミスをしたのに謝らなかった」
「あの人は男には媚びるのに、女には挨拶もしない」
「接待などと言って、会社の金で飲みに行ってばかりいる」
「上司が朝令暮改で困る」

　こうした不満、愚痴、人の悪口は、聞いている側も辛いものです。とくにその場にいない人の話題は、噂話なのか悪口なのかわかりにくいことがあります。「その場にいない人のことは言わない」と決める。そうすると、他の人の話が出てくる気配を感じた瞬間に、話題を変えることができます。

　今なお、現役を続けるサッカーの三浦知良選手。50歳を迎えた誕生日の試合後には、ピンクの派手なスーツで会見に臨みました。「サッカーのことで話題になるなら、悪口でもなんでも構わない」と考えるカズさんは、発言や振る舞い、服装、髪形、肌のつやまで、常に「見られている」という意識をもっている、と言います。

　そんなカズさんについて元日本代表の北澤豪氏が書いたコラム「カズさんはいつも前向き」（日本経済新聞、2017年3月14日）の切り抜きが手元にあります。日本が念願の

ワールドカップに初出場した1998年のフランス大会、カズさんと北澤さんは現地入りしながらも、最終的に代表メンバーになれず日本に帰国しました。あと一歩のところでW杯の切符を逃したドーハの悲劇が記憶に残る素人の私ですら、なんとかならないものなのか、と思った記憶があります。

　落選したその時、カズさんは怒りも悔いも表に出さず、当時の岡田武史監督への恨みごとも一切口にしなかったそうです。「さあ、次！」と言っただけだった。北澤さんはそう振り返ります。そして、常に前だけを見て生き、「日本を世界で戦える国にしたい」というカズさんの存在がなければ、日本のW杯初出場の実現はもっと遅かったのではないか。カズさんの50歳の誕生日直後に寄せたコラムを、そう結んでいます。

　日本テレビの名物プロデューサー、吉川圭三さんが、明石家さんまさんのことを「口の堅さは芸能界一」と語った記事（日刊ゲンダイ、2017年5月19日）があります。

　お茶の間でも常にしゃべり続けている印象のあるさんまさんですが、吉川氏によると、「後輩に苦労話を聞かせるとか、クダをまくことは一切しない」のだそうです。そして、芸人・役者以外のことはやらないことを徹底し、政治や趣

味のスポーツなどは話題にしない。つまり、専門外の話はしない、という美学を貫いているというのです。人間関係についても、小さな不幸はネタにして笑いに変えるものの、核心に触れることはしない。だから、芸能界の多くの人が、さんまさんには本音を語っているのだ、と。

　もう一人。「天は人の上に人を造らず」で知られる福澤諭吉の『学問のすゝめ』は、最終的に300万部以上売れた140年前の大ベストセラーだそうで、当時日本人の10人に1人が手にした計算になります。この本は、「人間は平等である」ことの啓蒙書であると同時に、当時創設した慶應義塾を宣伝するPR本という見方もあることを知った時は、なるほど、と思いました。たしかに、諭吉は時事新報という新聞も創刊し、紙面での広告ビジネスにも力を入れています。

「伝えるプロ」の手腕を発揮する一方で、自伝『福翁自伝』には、「喜怒色に顕わさず」という言葉があります。喜びや怒りを表に出さない、という意味です。「自分は怒らないし、けんかをしないと決めていた」という諭吉のモットーのひとつです。

　この3人の共通項は、まさに、この本でお伝えしたいこと、「伝えること」と「口の堅さ」の両立を見事に実現していることです。

働く人の基礎知識 「言わないこと」 リスト

「コンプライアンス」「法令順守」という言葉をよく聞くようになりました。法律違反しなければよいだけでなく、就業規則や職場のマナーなどルール全般に気を配ることが求められています。何気ない軽はずみな言動は、信用低下に直結し、「誘われない」「選ばれない」道に入っていきます。組織に属さずとも、ビジネスパーソンが意識したい「言わないこと」を確認していきましょう。

自社情報／業務内容

メーカーなどでは、新製品の発表は会社の存続を左右する重要事項です。「今度こういう新商品が出るんだよ」「こんなキャンペーンを準備しているんだ」といった情報をライバル企業に流してはいけない。それは誰もが分かるでしょう。難しいのは、公開情報と非公開情報の判断がつかないもの。経営戦略、新規事業、人事情報をはじめ、会社の情報全般については、公の発表内容以外は「非公開情報」と思うのが安全です。

特許技術や新製品のアイディアのようなトップシークレットは、社内でも厳しく管理されるでしょうから、知る人はごくわずかです。それを扱う人には、パソコンや記録媒体の社外持ち出し禁止や、配偶者や家族にも話してはいけないなど、取り扱いの注意点が十分に教育されているは

ずです。

　それでも情報が流出することがあります。

　米アップル本社で、2010年に「iphone 4」、2011年に「iphone 5」の試作品をバーで紛失したという騒ぎがありました。アップルは米中央情報局(CIA)に匹敵するレベルで情報統制が厳しいことで有名で、ケアレスミスともいえる情報流出状況から、「これはひょっとして情報を拡散したいための戦略なのではないか？」とも言われました。つまり企業秘密をそんなに雑に扱うとは信じられないということです。

クライアント情報
　自社の情報漏洩には敏感な人でも、つい軽視しがちなのが、取引先などの「他社情報」です。もちろん、こちらも他言無用であることはいうまでもありません。

　ビジネス上でつきあいのある仲間やお客様、取引先から聞いたことは、ニュースや新聞ですでに一般に知られていればともかく、口外すると信用問題に発展することもあります。

　取引先同士で守秘義務を守る契約を交わすこともありま

すが、それがなくても、仕事を通じて知ったことは言わないのが「社会人の信用」になります。

　役員の秘書や専属運転手は、仕事柄トップシークレットを知りえる立場にあります。それに慣れてくると、日々耳にする、あるいは目にする情報の希少性に感覚が麻痺してくることがあります。「ついうっかり、他言してしまった」ではすまされず、人一倍口の堅さが要求される仕事といえるでしょう。

　ある役員は、専属運転手を採用するとき、

「前にあなたが運転手をしていた、あの社長はどんな車に乗っていたの？」

と聞くそうです。そのとき、ポロッと答える人は選ばないといいます。そういう質問には、「申し訳ありませんが、それはお答えできません」と答えるのが理想だ、と。

　情報には、それを持っているだけで優越感を抱かせる力があります。だからこそ、扱う人には職業的倫理観も問われるのでしょう。

役員の裏話
　意外に危ないのが、上司の家族問題や健康についてなどです。一般の社員にとっては、社長や副社長、役員のプライベート情報は面白いものです。ですが、周囲に誰がいるかわからない場所での噂話はリスクが高いのです。

　さらに役員の社内評価、過去の失敗、個人情報は、ライバル会社からすれば格好のネタです。それを漏らさないのは、自分の会社を守ることでもあるのです。

　とくに会社のエレベーター、近所のお店には知り合いがいる可能性が高いものです。いつ、どこで、誰が、何を聞いているかわからない。最悪の事態を想定しておいたほうがいいでしょう。

経営者の健康状態
　15年ほど前、自動車業界にいたときのことです。業界の広報担当者間で定期開催する勉強会の準備をしていました。講師には、当時業界で重鎮だったある会社の会長さんをお招きしていました。しかしその会長さんが、当日体調を崩し、勉強会が延期となりました。急なことだったので、参加予定者一人ひとりに電話をかけました。

「〇〇会長の体調不良のため、会は延期です」

すると、途中でその会長さんの会社の広報があわてた様子で電話してきました。

「会長が体調不良と言われては困ります」

　影響力のある経営者の健康状態がよくないことを公にしないのは常識なのですが、個人情報保護法公布前だったこともあり、私の意識も低かったのです。経営者の中には、体調の噂が広まるだけで株価が左右する人もいます。ただの風邪でも、「重い病気か？」と臆測されることもあるでしょう。

　個人情報への感度が高くなったからでもありますが、経営者の病気や入院の話をあまり聞かないのは、周囲が健康情報を漏らさないように細心の注意を払っているからです。

転職直後は要注意！「前の所はこうだった」話
　転職した人がしてしまいがちなのが、前の職場情報をうっかり漏らしてしまうことです。

　業界内での転職は、それを期待されてのことかもしれません。しかしそうだとしても、基本的には、辞めた会社の情報は一切漏らさない姿勢を貫きたいものです。

ブラック企業とされる会社を退職した社員に、メディアが取材をすることがあります。たとえ不満があっての退職でも、口を慎みたい。「ルールさえ破らなければいい」というものでもありません。ひとたび、「モラルがない人」「なんでも話してしまう人」という印象を持たれると、「信用」という点でのブランドを下げることになりかねません。

　どうしてもコメントせざるを得ない時は、敬意を払った表現、姿勢、言葉を使う。業績を出し続けないとクビになるような外資系企業であれば、「自分の実力には厳しい会社でしたが、その厳しさゆえに伸びる社員もいます。それがこの会社の強みだと思います」といった形でポジティブな視点を取り入れれば、波風立てず、本当の姿を伝えることができるでしょう。

役割を演じる、役割に徹する
　発信力が求められるのは、いまや企業や組織、団体、経営者だけではありません。人や社会とつながるには、「言い続けること」が必要です。

　一般人も顔写真を公にすることが普通になったことで、撮影のときに目をつぶったり緊張して固くなったりせず、とっさにいい表情ができることを意識する人も多いのでは

ないでしょうか。今や、「写真写りをよくする一日講座」や、「写真写りのよい姿勢レッスン」などを専門とするコンサルタントすらいます。

　それでは、だれもが顔や本名をオープンにしているのかといえば、そうとも限りません。リスクを考え、抵抗を感じる人も多いでしょう。あるいは、「一部のみ公開」という方法もあります。

　「キセキ」「オレンジ」などのヒット曲で知られるアーティストGReeeeN（グリーン）は、メンバー４人全員が本名も顔も非公開。歯科医師免許を持ち、歯科医としての活動を続けながら音楽活動を続けています。ライブやテレビ出演でも覆面登場を貫いています。

　また社会派ブロガーで、本を何冊も出版している「ちきりん」さんは、ちきりんというハンドルネーム以外は、名前、経歴、年齢、立場などを非公開にしています。元々は、肩書による信用補強がなくても読者に読む価値がある文章だと思ってもらえるのかどうかを知りたかったのだそうです。

　有名人でなくても、顔や本名を出さない、いわば「半分だけの公開」を選択する人も多くいます。そして、公開す

るイメージ画像や名前での「役割」を徹底的に「演じきる」ことをしています。

　ましてや、公職についている人、組織を代表して発言する立場にある人は、「役割」に応じて「言うこと」「言わないこと」の区別を徹底する。それこそ、戦略と意図が必要なのです。

「言ってしまった」を防ぐ最強の守り札は大切な人の顔

　顔や本名を出さないことを選択したとしても、インターネットの世界では、メールや言葉がなんらかの形で流出するリスクも無いとは言えません。

　□仮に流れてしまっても問題ないことだけを書く
　□人の名前を呼び捨てにしたり侮辱することを書かない
　□汚い言葉や用語は使わない
　□万が一流出しても問題ない写真だけを撮る、撮らせる

　といった注意は、誰もが日常的に徹底しておきたい事項です。

　不要な発信を防ぐ第一ステップは、発信する直前、ボタンを押す前に一瞬立ち止まり、「情報の受け手はどう思う

か?」を考えることの習慣づけです。想像力を働かせてチェックすることも、失敗を抑えるきっかけになります。

「友達や家族の前でも言えることか?」
「この話で傷つく人はいないか?」
「世の中にどういう影響を及ぼすだろうか?」

と想像する。そしてそのとき、目先のことではなく、「この先20年後にも、後悔しないだろうか?」とできるだけ遠い未来もイメージします。

「自分が尊敬する人が見ても恥ずかしくないか?」
「可愛がってくれた小学校時代の先生にも誇れるか?」
「昔の上司がこれを読んだら、何と言うだろうか?」
「会社の役員の目に留まったら?」

　過去の人たちの目線で確認するために、確認リストを作っておくのもいいでしょう。

　家族、友人・知人、同僚、先輩、上司、会社役員、同窓生……。発信前にどれだけの人たちを思い浮かべることができるか。「誰かの目線でチェック!」は「言ってしまった後悔」を防ぐ、最強のストッパーになります。

健康な人が病気の人の気持ちに共感するのは難しいし、若者はお年寄りの気持ちを、男性は女性の気持ちを100％理解することはできません。その逆もまたしかりです。

　でも、自分の身近な人の顔を思い浮かべて、「可愛がってくれた祖父がこれを聞いたらどう思うだろう？」とか、「親戚のあの子がこれを知ったら傷つくだろうか？」というように、情報の受け手にさまざまな立場の人をシミュレーションしてみると、自分以外の複数の視点から内容をチェックすることになります。

　聖心女子大学は、2011年に、英語英文学科教授でメディア・コミュニケーションが専門のマーシャ・クラッカワー氏主導でSNSに関するガイドラインを策定しました。それは、学生をリスクから守る観点から作成されています。NHKのテレビやラジオの英会話講師も務めたクラッカワー氏の、温かく問いかけるようなトーンが特徴のガイドラインは、中高生の子どもをもつ家庭にも役立つ内容です。

聖心女子大学におけるソーシャルメディア扱いのガイドライン
https://www.u-sacred-heart.ac.jp/life/files/socialmedia.pdf

第3章

「口が軽い」人のための
「言葉を選ぶ技術」

「言わないこと」や「言いたいこと」の選択と同時に、情報を発する場や方法、表現の選び方も情報の発信時には欠かせない大切な視点です。ここでは、「人に理解してもらう」ためのポイントや表現について考えます。

失言を回避する「言わない」技術

**福澤諭吉のフィールドワーク
「対等の意識は誰がつくるのか？」**

「ついうっかりの本音」

「信念によるもの」

「無知によるもの」

「知ったかぶり」

「価値観の一方的な押しつけ」

　発言で失敗する人には、一定のタイプがあるように思います。

自信過剰型
　自己中心的で、断言する物言いが多い。相手の発言を遮ったり、ほかの人の会話に割り込んだりすることも多い。

興奮型

　カッとなると暴言を吐いてしまう。腹の立つことを言われたり、追及されたりすると、逆上してとっさに言い返すタイプ。

八方美人型

　おしゃべりで話すことが好き。気分が乗ると、見境のない発言に発展する人です。また、相手に合わせたいという気持ちや、ウケを狙って過剰なリップサービスに走る結果、人の噂や自社の動向など自分の知っていることを洗いざらい話してしまうこともあります。

確信犯型

　自分を目立たせようと、人の嫌がりそうなことをあえて口にしたり毒づいたりして、場の空気をコントロールしようとするタイプ。

無意識型

　悪気はないが注意力に欠けるため、状況の見極めに失敗し、言わずにおくべきところでそれができない。緊張のあまり、まわりが見えなくなるのもこのタイプです。

　こうした「言ってしまった」という状況は、相手に必要以上に恐縮したり、怖がったり、自分のなかで無意識に上

下関係を形成しているときに起こるように思います。その結果、虚勢を張ったり自信過剰になったり、逆に卑屈になって過剰なリップサービスをしてしまったりする。

　福澤諭吉の『福翁自伝』に面白いエピソードが出てきます。

　明治維新後、士農工商の身分制度が崩れた後にもかかわらず、武士に対してへりくだる習癖が残る人々に諭吉は辟易します。そこで実験をしました。

　旅の道中、出会いがしらの人に、わざと尊大に振る舞ってみる。すると相手はこちらを自分よりも身分の高い人だと思ってペコペコする。次に出会った人には、さっきとは逆に過剰にへりくだってみせる。すると次は、こちらを身分が低い者と思い込んで、偉そうな態度をとった。それを道中ずっとくり返し実験し続けるのです。

　「相手との関係性を決めているのは、自分自身の態度だ」ということです。誰が相手であれ、対等に話し、向き合う心構えをもつことで、媚びへつらいを含めた無駄な失言は少なくなるのかもしれません。

サービス精神旺盛な人こそ要注意

「ついうっかり」の発言が多い人には、相手や周囲の期待に応えたいという、サービス精神旺盛な人が多いのも特徴です。

　マスコミの取材を受けた社員が、事前に「記者に話してはいけない」と釘を刺されていたにもかかわらず、新サービスの情報をしゃべってしまうことが、たまにあります。そんなときは、広報担当が記者に「さっきのこの話は書かないでください」と頼みこみ、いわゆる「火消し」に走り回ります。

　日々、メディアを前に口をすべらせるリスクにさらされているのは、圧倒的に社長さんです。社長さんを諫める人がいようといまいと、記者を喜ばせたいというサービス精神から、ニュースになりそうな非公開情報を口にしてしまった社長さんもいらっしゃるでしょう。

「今度、こんな新計画を打ち立てる」
「こんな奇抜なアイディアをもっている」
「こんな業界と組むことになった」

　など、ニュース性のある話は、やはり人に伝えたくなってしまう。

サービス精神の旺盛な人は、往々にして皆から慕われる人気者でもありますが、「サービス発言」と「余計なこと」の区分けに敏感であることが求められます。

　そして、仕事とはいえ、人間と人間のつきあいですから、ある程度本音をさらけ出さないと相手も心を開いてくれません。ですから自己開示のできる人は、他人と親密な関係を築くのがうまく、営業などでよい成績をおさめることが多いのです。

　しかしあまりにも不用意に情報を開示するのは、リスクも同時に高まることになります。個人も組織も、「開示する」「開示しない」の線引きに対して意識を高くもつ知恵が必要なのです。

タブーやNGワードは増え続ける

「これを言ってはいけない」という社会的な禁忌（タブー）は、時代や環境によって刻々と変化していきます。昨日は失言でなかったことが、今日は大問題になることもあります。

　グローバル化やダイバーシティーの推進が加速するなか、ジェンダーに関する話題が問題発言として取り上げられる

ことも増えてきました。数年前にも、ある県知事が、「女の子にサイン、コサインを学ばせて何になる」と言って問題になり、後日発言を撤回しました。

　20～30年前であれば聞き逃されていたかもしれませんが、世の中の変化に気づかず、時代錯誤ともいえる「うっかり本音」が問題視されるケースは日々起きています。「自分のなかの常識」は、日々刻々と、「世間の非常識」になっている可能性があるのです。

「放送禁止用語」とは、法規制ではないものの、テレビやラジオなどの放送事業者が自主規制しているものです。時間帯や番組内容によって規制内容はさまざまですが、社会環境の変化などにより、昔は一般的に使用されていた言葉が"NGワード"になる傾向は、年々増え続けているようです。技術の発達などで世間の常識が変わることもあります。

　地動説を唱えたガリレオは、天動説を唱える教会から弾圧を受けました。進化論を唱えたダーウィンも、創造主としての神を否定するものだと、発表当時は批判されました。

　昔はふつうに使っていた言葉が、ある時を境に差別用語になることなどもあります。つまり、何が常識で非常識なのか、また、何が失言になるかは、時代の変遷と共に変わ

るということです。自分の常識が今も通用するものなのか、賞味期限切れになっていないかをチェックする姿勢は欠かせません。

　作家で演出家の鴻上尚史さんは、著書『「空気」と「世間」』（講談社現代新書）で、日本人にとっての「プライベート」と「パブリック」の差を「世間」（自分に関係のある世界）と「社会」（自分に関係のない世界）という視点で論じています。そして、インターネットでの情報発信を「社会に向かって書く」という意識でとらえるよう説いています。

　鴻上さんによると、「社会に向かって書く」とは、なぜ自分はそう思うのかの根拠となる情報を交えながら自分の気持ちを表明することだそうです。つまり、自分とは異なるバックボーンをもつ人たちに理解してもらうための工夫や書き方、説明が必要なのだと。

　そして、日本語教授法の専門家で、アメリカで日本語教育を行う冷泉彰彦さんが提唱する丁寧語「です、ます」の活用を紹介しています。

　丁寧語は、性差や関係性による違いがなく、話し手と聞き手の対等性を保つ表現であるが、「タメ口」はニュアンスがむき出しになり、内容も表現の細やかなところにも、感

情や権力関係がむき出しになり、「自尊心も、卑屈な感情も、無神経さも何もかもがむき出し」になる、と。

「社会にむけて書く」を意識し、友達むけの「タメ口」でなく、「です、ます」調を基準にすることで、他者との「対等性」や「適切な距離」をコントロールし、共存できるというのは、ネット世界だけでなくリアルの世界でも人との信頼関係を維持するために必要な視点だと言えないでしょうか。

世の中の空気の潮目をとらえよ

「アイスバケツチャレンジ」というアメリカ発祥のムーブメントが数年前、SNS上で流行しました。難病である筋萎縮性側索硬化症（ALS）の患者さんを支援するために寄付をするか、氷の入った水を頭からかぶるかのどちらかを選ぶ。その後、次の人を指名するというものでした。最初のうちは純粋な善意による行為でしたが、有名人を中心に指名が連鎖してブームになるにつれ、賛否両論が沸き起こってきたのです。

「ALSだけが難病ではない」
「氷水をかぶったところで、病気の人はうれしくもなんともない。ただの自己満足だろう」

世論が変わってくると、指名された人はどう振る舞うのが良いか、判断が難しくなってきます。

　ちょうどそのころ、日本では広島で大雨による土砂災害が発生しました。"同じ水で苦労している人たちがいるのに水をかぶるのはどうか"という反応が出始めたころ、水をかぶらずに寄付を選ぶなど、世の中の空気をうまく読みながら対応した人たちもいました。

　このように、ある時期は「良し」とされていたことが、「今はちょっとまずい」と、空気の潮目が変わることがあります。とくに今は世界の情勢が瞬時に変わるので、なにがよくてなにが悪いかの基準が刻々と変わっていきます。

　情報を発信するときは、そこを見極めた上で、自分で納得できる発信だけをする、繊細な感度が必要だと思います。

　2016年、熊本地震が起きたころに囲碁初の七冠達成を果たした井山裕太さんは、七冠目となった十段獲得直後の記者会見冒頭で「熊本で大変な思いをされている方にも、いいニュースとして受け取っていただければありがたい」と被災者を気遣うコメントをされました。

　「今、世の中はどういう気分にあり、そこへ発信するには

どのようなトーンが相応しいか」を察知する感度の高い方なのだという印象が残っています。

　投稿が「無神経だ」と思われるのを避けるには、直前に「現時点での世間の空気」を調べるという方法もあります。たとえば、NHKオンラインなどで、自然災害や事故、事件が起きていないかを確認する。大きなことがないことを確認してから発信することで自分の安心にもつながります。

オフレコは利かないと思え

　メディアの取材時に、「これはオフレコで」といえば、「これから言うことは記事にしないでくださいね」という意味です。ではなぜ秘密を明かすのか。背景を説明することで、記者などインタビューをする側に理解を深めてもらうためです。あるいは口がすべったり余計なことまで言ってしまった後に、訂正の意味で使う場合もあるでしょう。

「オフレコで」といえば表には出ることはない、という紳士協定の元に成り立つ業界用語のようなものですが、たとえ「オフレコで」「わかりました」というやりとりがあったとしても、多くの広報担当者は、いったん口にしたことはすべて書かれる覚悟でいます。

　というのも、メディアも「これは公表すべき事柄だ」と

判断すれば、オフレコを破ってでも公開するからです。

　2011年、当時の復興担当大臣が宮城県庁を訪れた際、知事が出迎えなかったことに腹を立て叱責しました。大臣はその場にいた取材陣に「今の最後の言葉はオフレコです。いいですか？　皆さん。書いたら絶対その社は終わりだから」と発言したのです。しかし、ある放送局がニュースでそのシーンをそのまま流したところ、映像がユーチューブ等にアップロードされ、インターネット上で「最悪だな」や「こんなことがあっていいの？　異常過ぎるよ」「普通に脅迫じゃないの？」「つくづくとんでもねー内閣だな」「頭が悪すぎて驚くわ」などの意見が書き込まれ、結果的に大臣の辞任に繋がりました。

　一度どこかで発信したことは、権力で抑えようが伝わっていく時代であることが明らかになったニュースでした。

ベテラン政治家に学ぶ、失言回避の６つの「た」

「独断の発言、即座の発言を避ければ、失言の９割９分は防げる」という考えもありますが、問題発言がきっかけで、ネット炎上や更迭などの窮地に追い込まれる政治家や経済人は後を絶ちません。

　育った時代や環境によって人の価値観は全く異なります。

政治に関する信念、宗教などもそうでしょう。政治家をはじめ、公の立場にある人の場合、その時々の世間の常識とずれていると、ポロッと発言した本音はたちまち問題になります。

　あるベテラン政治家が、失言を避けるために留意すべき「た」で始まる６つの視点を関係者に訓示しているのをテレビで見ました。

（１）立場をわきまえること
（２）正しいと思っていることを話すとき
（３）多人数の場で話すとき
（４）旅先で話すとき
（５）他人の批判をするとき
（６）例え話をするとき

　この６つの注意点について「ちょっと一呼吸入れて考えれば、そうおかしなことは起こらない」と述べています。

　これらの視点は、さまざまな相手、場所で話をする機会の多いビジネスリーダーにも参考になるのではないでしょうか。

プロ意識からの「言わない」決め

　アメリカ政府で情報収集活動をしていたエドワード・スノーデン氏は、アメリカが行っている情報の傍受が彼個人の倫理観に反するものだったため、告発に踏み切りました。その結果、アメリカから指名手配されロシアに亡命していますが、一方で彼をノーベル平和賞の候補に推薦する人もいます。彼の行動がいいことか悪いことかは一概にいえません。

　職業によっては、自分の倫理観に従った行動であろうと、懲罰対象になることがあります。医師や弁護士のような職業は、一個人としての倫理観と、職業としての倫理観が相反する場合もあると思います。どちらを優先させるか、それこそ軽々しく言えることではありません。いずれにせよ、一時の感情で言ってしまうことだけは、避けなければいけないことです。

　少し視点が変わりますが、企業を定年でリタイアしたOBが、中国や台湾の自動車メーカーや産業機械メーカーに再就職するのはよくあることです。日本企業OBの持つ技術や生産管理のノウハウなどはディスプレーや半導体の製造技術とは違い、知的財産として登録されたり、社外秘扱いされるようなものではなく、日本企業特有の仕事の進め方などのいわゆる「暗黙知」です。ですから法律や契約に触

れるわけではありません。OBにとっては、その国、広く言えば、人間の未来にむけて自ら培ってきた仕事の知識や実力を生かせる場があるわけですから、嬉しく、ポジティブなことでもあります。周囲の人たちも、「あの人は定年後も活躍している」と思うでしょう。

しかし、一方で、「日本企業のノウハウ流出」という言われ方もします。ルールとモラルやマナーのバランスを取りながら選択に直面する難しい場面が、増えていくように思います。

失敗記者会見に学ぶ、謝罪時の「言い訳NG」

個人情報流出や食品の賞味期限切れなど、企業が不祥事を起こした際のトップは慎重な対応を求められます。事前準備をして臨むにもかかわらず、火に油を注ぐような結果になることもよくあります。

集団食中毒事件を起こした企業の社長がメディアに「私は寝てないんだ」と逆ギレして非難が殺到したケースや、消費期限切れや産地偽装の問題で記者会見中の息子の背後から「こう言いなさい」と囁く声がマイクに拾われて、「ささやき女将」の異名がついた老舗料理店の女将などはリスク管理の世界で語り継がれています。

スーパーマーケットでの火災事故で、店側が「消防法は守っていた」と発言し、被害者側への配慮についてメディアから問われたケースもあります。規則はクリアしていても、倫理やマナー的な対応について批判されました。

　SNSは「感情をそのまま運ぶ道具」ですから、当事者側が「みんなやっていることだ」とか、「大したことじゃない」と言うことが許されることかどうかは「社会が決める」時代です。スーパーの例は、法的な問題がなくても、一般人は「感情的に許せない」といういい例だったと言えます。

　不祥事の種類によっては、ともすると組織ぐるみの犯行を疑われます。そんなとき、秘書や担当者など、役職の低い立場の人が、「私の意思でやりました」と釈明すれば、「トップや経営者の責任逃れ」を追及されかねません。「ノーコメント」「調査中です」もケースバイケースで、「逃げ」だと指摘されることもあります。

「シラ」を切った
英王室スポークスマンのプロ対応

　メディアの取材時に使う、「ノーコメント」に代わる便利なフレーズがあります。

　「まだ何も決まっていません」

「検討中です」
「現時点では未定です」
「いまのところ、そうした事実はありません」
「これ以上のことはわかっていません」
「私は答える立場にありません」など。

　2016年、オバマ氏がアメリカ大統領として初めて広島を訪問しました。訪問が実現するのか否か、正式決定するまで、さまざまな憶測が飛び交うなか、広報担当者は「ノーディシジョン（未定）」で押し通したといいます。

　「決まっていない」と言われると、それ以上は突っ込めないものです。

　ベテラン記者になると、「どこまで決まっているのですか？」「そんなことでいいんですか？」など、挑発的な仮定の質問をしてくることがあります。

　あるいはわざと突拍子もないことを言って揺さぶりをかけることもあります。時期について、「来年とか、いっちゃうんでしょうか？」など、的はずれなタイミングや、「提携先はX社だったりしませんか？」など実名を出してくる。するとつい、「まさか、そこまではいきませんよ」「そんなことはありませんよ」と口走ってしまう初心者広報もいます。

「口が軽い」人のための「言葉を選ぶ技術」

私が広報の基本を学んだベテラン広報の先輩は、「次の人事はどうなるんですか……？」などと探られると、「そんなこと……言えませんがな〜。フフフ……」と、冗談のような本気のような、絶妙な塩梅で記者からの突っ込みをシャットアウトしていました。相手に不快な思いをさせずにソフトにかわす。そんな姿を学びました。

　2016年5月、中国の習近平国家主席の訪問を受けたイギリスのエリザベス女王が、園遊会で「中国は無礼だった」と言ったことが話題になりました。女王はごく近いところにいる関係者だけに心情を漏らすように言ったのですが、BBCのマイクが拾って報道したため、ニュースが世界を駆け巡りました。

　王室はそのことについて、「女王の私的な会話にはコメントしないが、習氏の訪英は大成功だった」と発表したそうです。「言うこと」と「言わないこと」を明確に区別し、それ以上の追及を生まないプロ対応だったと言えます。

「何を言っても許される人」が欠かさない即時フォロー

　歯に衣着せぬ物言いながら人気を博している人たちがいます。お笑い芸人の有吉弘行さんやタレントのマツコ・デ

ラックスさん、作家の林真理子さんらの毒舌は、なぜか許され、人々も聞きたがる。

　言いたいことを言っても許される人と、バッシングされる人とでは何が違うのでしょうか。

　許される人たちは、テレビに映っていないところで気配りをしていたり、相手を落としても最後は持ち上げたり、褒めたりして、必ずフォローをしているようです。あるいは、相手を落とした以上に、自分自身のことをとことん落とす。だから「あの人は口が悪い」だけでは終わらない。学ぶべき「フォローの精神」が多々あります。

「言い過ぎたな」と思うことがあれば、「あのときは勘違いしていました」と謝ったり、背景を説明したりしてフォローを入れてもいいかもしれません。それこそ、スピード重視でSNSを活用する場面かもしれません。本当に失言をしてしまったときは、「間違いました」「言葉足らずでした」「訂正します」など、即座に失敗を認め、潔く謝ることで、かえって信頼が増します。

失言予防の便利な前置きフレーズ
「言葉を選ばずに言うと」というフレーズは、適切な言い方が思いつかずに直截的な言い方をするときや、あえてタ

ブーに触れる前に一言そえる言葉として便利です。くだけた席なら、「ぶっちゃけて言ってしまうと」「差別用語になっちゃいますけど」などと前置きしてから切り出すと、「この人は常識がないわけでなく、わかったうえで発言している」と理解してもらえます。

　もっとも、政治家など有名人には、日頃から差別的な発言を連発している人もいますが、おそらくは、良くも悪くも、戦略的に発しているのでしょう。

「本当は言っちゃいけない話なので、ここだけの話にしてくださいね」
「これは会社としては言っちゃいけないんですけどね」
「この場で忘れてくださいね」

　と前置きしてから秘密を話す。

「言ってはいけないことだと重々承知しているけれど、あえて言います」という断りは、「だから、バッシングや口外はしないでくださいね」という表明であり、自分を守ることにつながるのでしょう。

知らない「フリ」も大人の流儀
　言わなくていいことがあるように、知らなくていいこと

もあります。

　小学生だった頃、図書館に並ぶ偉人伝をよく読みました。「偉人の代表選手」とも言える野口英世や松下幸之助、ガンジーの本などは、いろんな種類のものを読み、そのあり方や数々の偉業に憧れたものです。

　大人になってくると、しばらく忘れていたような「往年のスター」たちにも、ある意味とても「人間的」な部分もあったことが分かるようになってきました。

　女性関係が乱れていたとか、人から借りたお金を全部お酒に使ってしまったといったエピソードを知ると、可笑しなことに、「知らなくてもよかった」という気持ちもどこかで湧いてきます。

　ある女子大生は、気の合わないゼミ仲間のSNS投稿を「見なきゃいいのに」と思いながら、どうしても覗いてしまうそうです。

　そのゼミ仲間は課題を人任せにしているにもかかわらずアクティブに遊んでいる。その楽しそうな投稿を見るたびに「嫌なことを人に押しつけて、こんなに楽しんでいる‼」と怒りの感情が湧き起こるのだそうです。

知らなければ、不要な感情の揺れを起こすこともありません。

「発信しすぎ」「知りすぎ」は無駄な雑念を増やすことにもなります。自分にとってネガティブな情報や要素は「見ざる、聞かざる、言わざる」の精神で「取りにいかない」「見にいかない」と決めるのも、「言ってしまった」を防ぐひとつの手です。

「迷ったら、言わない」を選ぶ

　話題のニュースについて大勢の人が雪崩のようにコメントしていくことがあります。そうしたときに気をつけたいのが、「流れにのまれない」こと。

　大企業の不祥事事件などが明るみに出ると、ともすると、批判的なコメントが多く寄せられます。それに引きずられて、つい舌鋒の鋭いコメントを投稿してしまうことが起こりがちです。

　ところが、大きい会社になればなるほど、その関係者が目の前にいる可能性は高くなります。本人は直接不祥事会社と関係なくても、友達や親、兄弟が何らかの形で関係しているかもしれない。自分の鋭い批判で傷つく人が周囲に

いないものか、目を配る余裕をもちたいものだと思います。

　批判は、おそらく正義感からくるものです。また、一家言あるのは頭脳明晰のように見え、不正を糾弾する姿もカッコいい。「みんなも知っておいたほうがいい」という善意からコメントする場合もあるかもしれません。

　しかし、ニュースの当事者や専門家でもなく、「心から伝えたい」と思えるものでない限り、ひとつの出来事や人物について安直に「良い」「悪い」を判断し、公の場で発表するのは、むしろ無謀な行為になるかもしれません。

　時に「これは言わない方が良いのかな？」とうすうす感じることはないでしょうか。

　まわりの人たちの様子や表情、しぐさだけでなく、自分の気持ちに敏感であることも、窮地を免れる一歩です。ためらいを感じるときは、本能が危険を嗅ぎとっていることが多いものです。それを見逃す手はない。

　とりあえず立ち止まる癖をつける。

　ネットでも会話でも、思ったことをすぐに口にせず、一度深呼吸してみる。意見や判断、決断を保留すること、思

考を深める最初の一歩となるでしょう。

　どんな場面でも、言うか言わないかを迷ったら、「言わない」方を選ぶ。言ってしまったことは取り返しがつきません。

第4章

ピンチを切り抜ける
「言い換える技術」

タモリに学ぶ、否定でも肯定でもない「はぁ」「へぇ」「ほぉ」のリアクション

　タモリさんの「笑っていいとも！」は、1982年から30年以上続いた長寿番組でした。長く続いた理由はいろいろあると思いますが、その一つに、タモリさんの「リアクションの薄さ」があると思います。

　番組の最初に「テレフォンショッキング」というゲストとのトークコーナーがありましたが、ゲストと話をしながら、彼は基本的には肯定も否定もしない。そもそも、あまり自分の話をしないし、「こうすべき」「自分はそうは思わない」といった自分の意見も言いません。

　もちろんゲストと会話を交わすし、面白いときは面白がるけれど、「はぁ」「へぇ」「ほぉ」という相槌が主。ゲストは受け入れられている感じがするのでしょうか、どんどんしゃべり続ける。「髪切った？」は、一時期モノマネされるほど決まり文句になっていましたが、話を始める前の「ご挨拶」だったのでしょう。

　タモリさんの、白黒はっきりさせず、曖昧でグレーのまま流し、いま目の前で起きていることをありのままに受け止めるスタンス、そして、誰が相手でも等しく淡々とした絶妙な距離感は、「相手を受け止める」ひとつのモデルだと

言えます。

　そんなタモリさんですが、2015年1月のNHKスペシャル「戦後70年 ニッポンの肖像 プロローグ 私たちはどう生きてきたか？」で、「言葉はすごく怖いものだと思っている」という発言をしています。「自分は言葉を信用していない。言葉は意味を確定してしまう。それに対する反発心がすごくある」と。タモリさんの言葉に対する考え方が、否定でも肯定でもない受け止め方につながっているのでしょう。

天皇皇后、ご結婚25周年目の感謝状

　現在の天皇と美智子皇后両陛下が皇太子ご夫妻だったころ、ご結婚25周年の記者会見で、「結婚生活を振り返り、お互いに点数をつけるとしたら何点ですか」と記者が質問したことがありました。それに対して、陛下は「点数ではなく、努力賞をあげたい」。美智子さまは「私からは感謝状を」とお答えになりました。

　記者がどんな質問をするかは、おそらく事前に伝えられていますから、何とお答えになるか、あらかじめ考えられていたでしょう。点数という、答えづらい「評価」を「感謝」というお気持ちに変換された高度な「ずらし方」は、私たちの日常の色々な場面でヒントになりそうです。

たかが「一字」、されど「一字」

　同じ状況を説明する場合も、「対立がある」よりは、「隔たりがある」と言ったほうが角が立ちませんし、「議論が平行線をたどっている」と言うよりは、「大筋は合意しているが、細部の見解が違う」のほうが妥協点を探っている様子がうかがえ、事態の深刻さをやわらげることになります。「コストダウンしろ」は、必要な物まで削らなければならない印象がありますが、「やりくりしよう」と言うことで、新品でなく、中古品で補うといった良いアイディアが出てきた会社もあるようです。

　言葉選びだけではありません。「一文字違い」だけでも与える印象が大きく変わります。

　　Q「今日の晩御飯何にする？」
　　A「カレーでいいよ」vs.「カレーがいい」

　　Q「この仕事、誰に任せましょうか？」
　　A「お前でいいよ」vs.「お前がいいよ」

いかがでしょうか？

　日常生活のさまざまな場面や、メールでも「他の言い方や言い回しはできないか？」を意識すると、物事がより円

滑に運ぶことも多いのではないでしょうか。

コンプライアンス対策の基本「固有名詞の略称化」

　機密情報を日常的に扱う人たちは、居酒屋など会社の外で話すときには、社名や人名、特命プロジェクトなどを「暗号化」する習慣が身についています。

　誰が聞いているかわからない公共の場で「某社で大量の指名解雇が始まった」などと話すのはまずい。そこで社名をA社など、イニシャルにし、会話を小耳に挟んだ人に詳細や具体的なことがわからないように配慮する。固有名詞を出さずに話す訓練ができているのです。

　社名や人名をイニシャルで呼ぶことを推奨する会社の風土もあると思います。それを上司や先輩が徹底していれば、部下や後輩にも自然に身につくようになります。営業で同行したときに、新入社員が固有名詞を大声で口にしたら、「それはダメだ」と、その場で指導すべきです。

　コンプライアンスなど内部統制が厳しくなっている中、情報漏洩に関する考え方やルールはどんどん厳しくなっています。居酒屋で自由に話していた時代とはもう違う。指導してくれる会社でなくても、自分で気をつけなければいけません。それが結局、自分を守ることにつながります。

人が思わず動きたくなる「言い換え」の術

　同じことを言うのでも、「言い換え」の選択肢が豊富であればあるほど、コミュニケーションがスムーズになります。

「命令」を「お願い」に言い換える

　「コピーを取りなさい」を、「コピーを取ってもらえる？」と言うと、言われたほうも抵抗がありません。

決断を促す「二者択一」

　無限にある選択肢を、二者択一に言い換えることで、相手の決断が早くなることがあります。「飲み物は何にする？ なんでも好きなものをどうぞ」と言われると、多くの中から選ぶために時間がかかりますが、「コーヒーがいい？ それとも紅茶？」と選択肢を２つに絞れば、早く決断できます。「やるの？　やらないの？」という言い方は決断を迫る言い方です。

「指示」を「期待」で伝える

　「これをやりなさい」という指示命令を、「君ならできる」「君は××が得意だと評判だ」など、期待として伝える言い換えは、相手のやる気に火をつけます。

プロコーチの激励ショートトークとは？

　本番直前の選手やアーティストを鼓舞するため、マネ

ジャーやコーチが直前にかける短い激励言葉を「ペップトーク」といいます。PEPとは、元気、活気、活力などの意で、「思い切り暴れてこい！」や「楽しんで来い！」といった言葉です。

 2014年、ソチオリンピックの女子フィギュアスケート・ショートプログラムでは、韓国のキム・ヨナとの宿命の対決を期待されていた浅田真央選手が「まさか」の16位になりました。「マオはもうダメか？」「大丈夫なのか？」と世界が衝撃を受け、世界のトップスケーターたちからも激励メッセージが送られました。

 翌日21時間後のフリー演技にむけて浅田選手に佐藤信夫コーチがかけた言葉は、「もし何かあったら、先生が助けに行くから」だったそうです。

 氷の上では一人。何かあっても助けに行けるわけではない。それでも、その時の浅田選手に勇気をもたらし、悔いのない滑りをすることができた浅田選手は、6位入賞まで巻き返しました。

 活を入れる厳しい言葉を選択するのか、期待や信頼を伝える言葉を選ぶのか。スポーツ、ビジネス、教育、いずれにおいても、人育てのプロたちは、その時々の瞬時にかけ

る言葉の選択肢が豊富なのだと思います。

否定を肯定で言い換える

　コミュニケーションはそもそも、人に何かしらの影響を与えるための「双方向」のものですから、そこで重要になってくるのが、相手が気持ちよく受け取れるための「言い換える」技術です。

　たとえば、飛行機では緊急時に、次のどちらをアナウンスするでしょうか。

　A「荷物を持たずに脱出してください」
　B「荷物を置いて脱出してください」

　答えは、Bだそうです。

　人は、「〇〇しないで」と言われると、なぜかしたくなる心理があるようです。

　Aだと、お客さんは、「大切なものが入っているから、絶対に手放すわけにはいかない」という気持ちになるのだそうです。ところが、Bだと、すんなりと「荷物を置こう」と体が動く。

『スタンフォードの自分を変える教室』(ケリー・マクゴニガル著、大和書房)の9章「この章はよまないで」に、シロクマ実験というものが紹介されています。「シロクマのことは想像するな」と言われると、その瞬間から頭の中に南極の氷の上にシロクマがいる映像が浮かんでしまうのだそうです。したがって、人にお願いするときは、「〜してはいけません」「〜するな」などの否定でなく肯定の言い回しで伝えたほうがいいようです。

「事故を起こさないでください」よりも、「安全運転をお願いします」。
「廊下を走ってはいけません」よりも、「廊下はゆっくり歩きましょう」。

　同じ行動を促すにしても、否定するニュアンスの言葉を避けるだけで、受け入れやすくなります。

　会議などで反対意見を述べるときも、「いや」「そうではなくて」「でも」「だって」「だけど」ではじめると、相手を身構えさせてしまいます。同じことを伝えるにしても、何かを追加するイメージをもった表現で言ったほうが、人は聞く耳を持つからです。

「それを聞いて思い出したのですが」

ピンチを切り抜ける「言い換える技術」

「別の視点で見ると、〇〇ということも言えますね」
「角度を変えると、〇〇という面もありますね」

など、相手の発言を肯定した上で自分の言いたいことをプラスすると、異なる意見であっても相手が「否定された」と感じることはなくなるでしょう。

タイタニックに学ぶ、相手の心のくすぐり方

民族性、もしくはある国の国民性を端的にあらわす話で笑いを誘うエスニックジョークに、「沈没船ジョーク」（タイタニックジョーク）があります。

沈没しかけた船に、アメリカ人、イギリス人、ドイツ人、イタリア人、そして日本人が乗っています。船長は、乗客全員に「海に飛び込んでください」と説得するとき、国別に言いました。

アメリカ人には「飛び込めば、あなたはヒーローになれますよ」
イギリス人には「あなたはジェントルマン（紳士）になれる」
ドイツ人には「これはルールです」
イタリア人には「女性から愛されますよ」
日本人には「みなさんそうされます」

エスニックジョークは、民族文化への風刺という性質上、社会的なタブーに抵触するものもあり、ブラックジョークの一種に分類されることも多くあります。

　しかしこの話は、人が動くモチベーションや価値観はまちまちで、どんな言い方が決断や行動に結びつくかは人によって異なることを端的に表していると言えます。

ほどほどの満足感をもたらす「チラ見せ」トーク
　なにかを聞かれたとき、タイミングや場によっては、あまり触れられたくない、本当のことを言うわけにはいかないときもあります。

　そんなときは、

「それは言えません」
「そのことについては、言いたくありません」

　とはっきり言えたらいちばん楽ですが、どうしても難しいときは、

「私、その話をすると辛くなるんです」

と言ってしまう方法もあります。人は、「辛い思いはさせたくない」という気持ちになるからです。

すぐには答えられない質問をされたときは、

「いまはお話しできません」
「この場ではなく、いつか場を改めてお話しします」
「時期が来たらお話しします」

と、時間を「先送り」するのも一つの手です。

また、「言いたくない」の一点張りでは子どもっぽく、角が立つこともあります。そこで、部分的に少しだけ話すという手もあります。

「ここまでは話せます」
「これに限ったことですが」

限定的とはいえ、少し話をすることで、相手の消化不良感が軽減されます。

「人」から「コト・モノ」への目線移動

その場にいない第三者が話題になるときは、気をつかいます。ほめる話題であれば良いのですが、親しみを感じて

いる人の話題ほど、つい軽い悪口に発展してしまったり、その人の秘密を漏らしたりするリスクがともないます。

　上司を訪ねてきたお客様を応接室にお通ししたとします。ところが上司がいつまでたってもやってこない。そんなとき、間をもたせようと思うあまり、

「すみません、うちの上司は時間にルーズでいつもご迷惑をかけてしまうんです」

と言ってしまうのを避けるために、あえて対象を「モノ」にずらす。

「この部屋は暑いですね。エアコンの効きが悪いんです」
「日当たりがいいのは結構なんですが、遮光カーテンではないので、日差しが眩しいんです」

など、すぐに目に入るモノを話題にすれば、人の話題にならず、失言を防ぐことができます。

　自分の個人的なことに話題が及びそうな場合も同様に、モノの話に移すと、自然に話題を変えられます。「あそこにかかっている絵」や、「このテーブルの素材」「このパン」「このコーヒーカップ」など、その瞬間目の前にある物を話

題にして話すようにしてみるといいでしょう。

「コト」から「人」を外して観る

　病院の待合室で、付き添いらしき女性の携帯が鳴り、ためらいがちに1分ほど話をしていました。すると近くに座っていた男の人が、「うるさいな。女はおしゃべりで困る」とつぶやいたのです。確かに耳ざわりだったのでしょう。でもこれが、「ここは携帯の使用は禁止なんですよ」とか、「ロビーで話してもらえますか」と言ったのであれば、女性も素直に謝れたと思うのです。

　男の人の指摘に、第三者の私も不快な気持ちになったのは、マナー違反という「コト」だけでなく、女性全般を攻撃していたからだと思い当たりました。その女性も、いつも病院の待合室で携帯を使うわけではないでしょう。そのときたまたま、やむを得ない事情で通話しただけかもしれません。

　部下や後輩を注意するときや、誰かに異議を申し入れるときも同じで、「人」ではなく「コト」を対象にすることで、感情の行き違いの多くがなくなるのではないかと思います。「罪を憎んで人を憎まず」と言いますが、人のしたこと（罪）と、その人自身の人格はいったん分けてみる。人は、小さいころから、注意されると悲しくなります。また、上司や

先輩も、立場上どうしても注意せざるを得ないときがあります。

　そんなとき、相手への刺激を最小限に食い止める言い換えが、「人」から「コト」への言い換えです。

「あなたに反対です」→「あなたのこの考え方や、この意見に反対です」
「君は〜だと言うが」→「この企画書のこの点については〜」や「この文章の、この表現は〜」
「営業担当と販促担当の間で手違いがあった」→「営業担当と販促担当の間のチェック体制が機能しなかった」

　日頃からあまり話さない相手であればあるほど、「人」と「コト」を切り離すのは難しいかもしれません。そこを意識しないまま、「こいつが悪い」とか、「あいつのせいだ」となってしまう。「お前はいつもそうだ」とまで発展してしまうと、関係修復にも時間がかかるでしょう。

　いま自分がどういう感情をもっているのか、出来事と感情を分けて観察してみるとどうでしょうか。「言い換える余裕」が出てくるかもしれません。

角の立たない「NO」の伝え方

　断りの言葉を口にするときは、「あいにく」とか、「さすがに」などの一言をプラスすると、婉曲な印象が加わり、クッション効果になります。

「あいにく、その日はダメなんです」
「さすがに、その日までは無理でしょう」
「残念ながら、そこまでの金額は出せません」
「少なくとも今回は、お受けできません」
「私の力不足で、ご期待に沿うことができません」
「この条件が整えばお受けできます」
「このルールを受けてもらえるのであれば、進められます」

　こうした言葉は、メールなどで使いこなしていくと、対面や電話など、とっさの場面でも自然と口に出せるようになります。

同意を求められたとき

　沈没船ジョークでも紹介しましたが、日本は、他人と異なる意見を表明しにくい、同調圧力の強い国だと言われています。そのせいか、自分はそうは思っていなくても、「そうですよね？」と同意を求められると、なんとなく「自分はそうは思わない」とは言いにくいときがあります。

プロジェクトなどが佳境に入り、みんなの不満が募ってくるあたりでありがちなのが、「あのリーダーのやり方はひどい。そう思いませんか？」といったもの。でも、同意を踏みとどまりたいときは、大真面目に「そうでしょうか……？」と、同調するでもしないでもない、あいまいなスタンスを示すのも一案です。

無理難題を頼まれたとき
「それはないでしょう！」と思うような理不尽な要求をされたときは、政治家風の独特で曖昧な話し方を見習ってみてはどうでしょう。

「適宜対処いたします」
「検討の上、後程ご回答申し上げます」

　など、冗談めいたトーンを残しながらお芝居風に言うことで、場に和みを与えることもできます。

　ある地方政治家の秘書は、「自分の役割は、どうにも無理難題な陳情に来る人たちの話を面会の時間切れまでひたすら聞き続けることです」と言っていました。

　話をじっくり聞くことで、相手が充分話せたという満足感や納得感を抱いて気持ちよく帰っていく、というのが大

事なのだそうです。

説得されそうになったとき
　営業などの交渉場面で相手が目上の人であったり、エネルギーが高かったりすると、その勢いにのまれそうになることがあります。

　そのような時は、この場を終わらせ次回に先延ばしする。

「いったん私の方で引き取らせてください」
「考えさせてください」
「お預かりしてもいいですか？」
「持ち帰らせてください」

　こうしたフレーズは、「その場で決断できない人」と揶揄されることもありますが、形勢を立て直すための戦略的ワードでもあります。ここぞという時に、正々堂々と使うための言葉としてもっておくと便利です。

話をさせない
　相手に話をさせないことで、却って相手を守ることもあります。酔った勢いでお客様に絡んだり、目上の人に失言しそうな人がいたら、ひたすら流して話に乗らない。時と場合によっては、そうした「相手に話させない」のも大人

ならではの思いやりです。

　アルコールがなくても、話すうちに感情が高揚するタイプの人もいます。そういう人にはまともに取り合わず、ふんふん、と相手にしているような、していないような、曖昧な対応をするのもいいでしょう。

　真面目で誠実な人ほど、相手の話を真剣に聞かないことに罪悪感を抱くかもしれません。しかし時と場合によっては、「つられない」と固く心に決めることが、自分も相手も守ることがあるのです。

ネガティブ情報のホウレンソウは「範囲を区切る」
　ヒヤリハットという言葉があります。1つの重大事故の背後には29の軽微な事故があり、その背景には300の異常が存在する、というものです。

　日常や職場では、どのタイミングで何を報連相するか、線引きが難しいことがあります。この程度のことであれば、後回しでいいか……。と思っているうちに雪だるまのように事が大きくなり、言いだすタイミングを逸してしまうということはよくあります。

　企業の不祥事発生時も、どこからどこまでを公表するか

が問われます。「調査中」と言い続ければ責任逃れを追及されることもあるでしょう。個人情報の流出などで、「これ以上の流出はありません」と発表した後、被害が予想よりも大きかったことが判明し、事態を把握しきれていないことが強く印象づけられたこともあります。

　NHKで「クローズアップ現代」のキャスターを務めていた国谷裕子さんは、その日のテーマを冒頭で紹介する際に、「今日はこの問題についてこの範囲のなかで伝えます」と番組のなかでの位置づけを限定していたとおっしゃいます。視聴者が多様化するなかで、それを怠ると誤解が生じたり関心をもってもらえなくなったりする、と。

「ここまで調べた結果、このようになっています」
「今日の時点でお伝えできるのはこういうことです」
「この範囲においてはXXXであることがわかりました」

　など、状況や条件、時間的な「前提」「限定」を細切れにした上で経過説明や謝罪をすることで、誤解や不信感を最小限に抑え、より適切なレポートや報告を行うことができるでしょう。

「説得」を「沈黙」に換える
　小学校時代、こんなシーンはなかったでしょうか。

先生が授業を始めようにも、教室がなかなか静かにならない。いつもなら「みんな静かにしなさい」と言う先生が何も言わず、黙ったまま1分くらい教壇に立っている。そのうち子どもたちの方が、「先生の様子がいつもと違う。静かにしよう！」と、徐々にシーンとなる。「静かにしろ」とも、「口を閉じて」とも言わず、ただ黙って立っているだけで、クラスを静かにしてしまう。これが沈黙の力です。

　何も言葉で話すだけでなく、口をつぐむのも、ひとつの堂々たるメッセージです。話しても伝わらない時には、ひたすら黙る。それは、「少し、考えませんか？」と伝えていることになります。

　不思議なことに、人間は相手が黙っていると、「あれ？私、何か悪いことしたかな？」と、自分に目が向くものです。言葉で伝えたいけれど相手が聞く耳を持たないようなときは、相手の出方を待ち、あえて沈黙するのもひとつの手。このようなときの沈黙は実に雄弁だと思います。

　沈黙が有効なシーンをもう一例挙げると、それは相手が言ってはいけないことを言ったとき。相手も「しまった」と思っているものですが、黙って聞こえなかった"ふり"をする。

私たちは、つい言葉に頼りがちですが、沈黙すらもひとつの選択肢として使いこなせるようになりたいものです。

第5章

失敗しないための
「偽情報」の見分け方

偽ニュースを信じない、広めないための「情報」の見極め方

わが身を守る、情報モラルの「超」基本

　不特定多数の人へ誰もがアプローチできるいま、一人の声、一人のシェアの影響力がはかりしれない時代に突入しています。軽い気持ちでしたリツイートやシェアが、良くも悪くも世論を形成していきます。

　英国のEU離脱やアメリカのトランプ大統領の誕生など"衝撃的"な歴史的転換となった2016年は、多くの「偽ニュース」が発生しました。日本でも、大手企業が運営するキュレーションサイトの掲載記事について、その正確性と信頼性の問題が表面化しました。

　コピペが簡単にできることからも、文字の間違いを含めて誤った情報も数多くあります。ケアレスミスレベルでは、イベントの開催日が9月31日になっていたり、日付と曜日が合っていなかったり、「そのとうり」「シュミレーションをしてみた」と書いてあったり。

量、質、ともに大量の情報が氾濫する時代だからこそ、**間違いや信憑性のない情報を無自覚に拡散する行為は、即「信頼失墜」**につながります。

　目新しい情報や噂、耳打ちされた話など、入手した情報を広めるときは、最低限、正しい情報なのか、拡散すべきものなのか、いったん立ち止まって確認することを習慣づけたいものです。

　「発信者としてのモラル」、つまり「メディアリテラシー」は、今の社会を生き抜くのに、鍛えていかなければならない能力です。総務省は、メディアリテラシーを次の３つを構成要素とする複合的な能力と紹介し、子どもむけのページも公開しています。

1. メディアを主体的に読み解く能力。
2. メディアにアクセスし、活用する能力。
3. メディアを通じコミュニケーションする能力。特に、情報の読み手との相互作用的（インタラクティブ）コミュニケーション能力。

総務省ホームページ
http://www.soumu.go.jp/main_sosiki/joho_tsusin/top/hoso/kyouzai.html

「情報発信」のモラルを高めれば、偽ニュースやデマを拡散するようなことは減り、気づかぬうちに人からの信頼を失うことはなくなるでしょう。それは、「誘われる力」「選ばれる力」を高める最短の道になるはずです。

シェアする前に要チェック！「5つの確認ポイント」

では、シェアすべき情報か否かを判断する軸とはどのようなものでしょうか。

情報を入手したとき、鵜呑みにすることなく、複数の角度からその正確性を確認し、信頼性の高い情報を発信するための視点やプロセスについて、次の5つのポイントをみていきましょう。

- ☐ 情報源、発言者の信頼度を調べる
- ☐ 元ネタを確認する
- ☐ 複数の情報を比較する
- ☐ 他人の作品の利用には許可をとる
- ☐ 間違えたら「訂正」、状況が変われば「追記」でフォローする

ポイント①　情報源、発言者の信頼度を調べる

　ネット上では、伝統メディアの報道、偽のニュースサイト、個人ブログ、企業や政府、調査機関の情報などすべてが"同列"に並んでいます。その中で、「より正確な情報は何か？」を見極める意識が問われていきます。

　・いつ、どこで、誰が発表したものか？
　・書いた人や情報を発信している企業やメディア、サイトの運営者は誰か？
　・その人や組織は、信頼性、正確性、公平性において問題ないか？

　などを中心に、情報を発信する人の意図や根拠にまで想像を及ぼすことができれば、多角的な視点で確認することができるでしょう。

　いい加減な情報を発信せず、自分の信用度を高めるためにも、編集権が機能している信頼性の高いメディアによる複数の情報源や原典を確認する癖をつける。その上で信頼でき、なおかつ拡散すべきだと判断したら、シェアするなり自分の書くものの参考にする。

　また、書籍や新聞記事、インターネットでの情報など、いずれにおいても、文章を最後まで読み、書き手の意図や目

的を正確に把握した上で活用することも習慣づけるべきことです。

　とくにインターネットの場合、記事の続きがあるのに、それに気づかないことがあります。途中までの段階で自分の考えと一致する一部分のみを読んで「いいね！」を押したら、次ページ以降ではそれに反する議論展開になっているようなこともあります。

「いつの時点の情報か？」は要チェック！
「いつ、誰が、何を、誰に、どのように、なぜ、何のために発信したのか？」に一瞬でも思いを馳せましょう。

　健康情報は、多くの人が関心をもっているものです。次から次に新しい健康法が出てきます。ということは、古い情報もたくさんあるということです。たまたま目にした情報が、評判の良かった時期の古い情報だと知らずにシェアをしてしまい、誤った情報だった、ということも多々あるのではないでしょうか。

　ネット情報は、パッと見ただけでは最近の記事なのか、過去に書かれたものなのかの区別がつかないものが多々あります。出来事も人物も、あとから評価が覆ることがあります。にもかかわらず、ネットには過去の内容がずっと残っ

ている。

「そこまで厳密に考えなくても」と思うかもしれませんが、個人も自分のイメージを自分で管理しなければいけない時代です。一般人であっても、情報発信には責任が伴います。瞬間反応でツイートしたりコラムを書いたりするのでなく、**情報が正しいのか、いつの時点での発信なのかを確認して**から発言する習慣を身につけたいものです。

記事に日付だけが記載され、年度が不明の場合は、今年の情報なのか、去年のものなのかを確認する。リンク切れが起きているブログなども掲載時から時間が経っている可能性があり、気をつけるべきです。

同時に、**自分が情報を発信するときも、発信日時の明記は鉄則**です。ブログなどで絶賛した人が後になって不祥事を起こし、世間の評価が一変することもあるからです。あるいは、ある人を非難したけれど、それが誤りだったとわかることもあるわけです。

自分の判断がいつの時点のものだったかが明確であれば、「その時点での発言で、いまは違う」という理由説明ができる。そのためにも、情報には発信日時を入れておく必要があるのです。

ポイント②　元ネタを確認する
「情報源を確認すること」といいましたが、もう少し詳しくいうと、情報源にもレベルがあり、できれば原典まで遡ることをお奨めします。

　引用された資料を使う場合は、元の資料に遡って確認する。つまり「誰かがこういっていた」という二次情報をそのまま使うのではなく、**当事者や公的資料など、大元の情報を参照し、正しい情報かどうかを確認**するということです。

　引用された文には、誤字脱字などを含む間違ったものや、元の情報の文脈を誤解したものもあるからです。

　特定の人のプロフィールやエピソードを載せる場合は、**本人の公式サイトやブログを確認**する。あるいは、企業や組織に関するニュースや不祥事を話題にするなら、その会社のホームページで当事者側の見解や見通し、事件や不祥事の場合は事実を認めているのか、謝罪しているのか、それとも誤解だと主張しているのか、**当事者の公式見解を確認してから発信**するようにします。

当事者や公的資料
　情報によっては、客観的な根拠がなく、一般利用者の感

想や意見のこともあります。役所が発行する官報などの公の資料や、研究所、報道機関など、内部チェック体制が整っている組織が発したもので確認できれば、なおいいでしょう。

・専門家、大学教授、有識者など、専門分野において権威ある人の発言・発表物
・官公庁、大学、学会などのホームページ、発表データ
・第三者検査機関の証明
・企業・組織・団体・著名人の公式ホームページ

　もっとも、STAP細胞の存在を示す論文が、国際的な総合科学ジャーナル「ネイチャー」に掲載されたものであることを思えば、どんなに信頼性のある媒体でもリスクがゼロとはいえません。しかし信頼性の高いメディアで確認するとか、専門家にあたるという一手間をかける積み重ねが、情報発信における「信頼の蓄積」につながっていくのは間違いありません。

ウィキペディアの使い方
　ウィキペディアは、不特定多数の利用者が投稿するシステムのため、情報の信頼性・信憑性や公正性などは保証されていません。しかし、詳細かつ網羅的な情報を知ることができること、当事者以外の人たちの複数の視点による書

き込みで成り立つという点で、ある意味、複数の眼による「真実」が表現されているとも言えますし、概要を押さえるには便利です。それを踏まえた上でどう活用するのか、その判断は「情報活用者側」に問われます。

　ちなみに、大学機関によっては、レポート課題でウィキペディアの引用が禁止されています。また、ディベートなどの正確性の求められる競技での活用は認められていないようです。

演説や記者会見のライブ配信動画
　動画配信の技術発展によって、記者会見やインタビューがライブ中継されることが増えました。それによって、報道関係者でなくても、会見場の様子や、どのような文脈で発言された、どのような質問への回答やコメントだったのかを検証できる機会が増えています。

　これまでは、メディアによってカット＆編集され「切り取られた」情報を、時間さえあれば「自分の目」で確かめられるチャンスは増えているのです。

論文資料
　CiNii（NII 学術情報ナビゲータ［サイニィ］）は、国立情報学研究所（NII）が運営する学術コンテンツサービスです。

論文、図書・雑誌などの学術情報を検索できるデータベース・サービスで、誰でも利用可能です。

著名人の「人となり」
　情報源となる人が過去にどのような主義主張、スタンスで発信をしているのかまで目を通しておくのも、情報の信頼性、扱い方の判断基準になります。

　ある新聞記者は、経済界のトップの人たちを取材する際の下調べでは、第三者が書いた記事だけでなく、本人の講演録やスピーチ映像などにも目を通すそうです。

　本人が直接書いたり話したりした情報こそ、「人となり」が出る素材だからです。

　バイオリニストの諏訪内晶子さんは、メンデルスゾーンやベートーベン、モーツァルトなど、直接会うことの叶わぬ大作曲家たちの曲を演奏する時は、出来る限り、作曲家自身の手書きの楽譜にこだわっているそうです。作曲家の自筆譜から、創作意図や真意を深く読み取るためのヒントが得られるのだそうです。例えば、マーラーのある譜面には、彼の弟子が後から×をつけた箇所があり、曲が完成するまでに試行錯誤された足跡を読み解くそうです。

ポイント③　複数の情報を比較する

　1938年、アメリカで、「火星人が地球を襲った」というSF小説が、ラジオドラマ化されたことがありました。それを現実のニュースだと誤解した人たちはパニックを起こしました。一方、新聞のラジオ欄などをチェックした人は、事件性のないことを確認し、パニックに陥らずにすんだそうです。

　このエピソードが示すのは、「情報は、他の情報と照らし合わせて検証しよう」という教訓です。

　東日本大震災時、SNSが果たした役割はとても大きいものがありました。しかし同時に、デマも拡散されてしまいました。

「毒ガスが発生しているから気をつけて」
「酸性雨が降っているから外出しないように」
「〇〇町で倒壊した家屋の下敷きになっている人がいます」

　こうした警告を目にして、「大変だ！ みんなに知らせなければ」と善意で拡散したのに誤報やデマだった、ということが多々発生しました。

緊急時は、緊急性の低い情報は発信を控えること、素人がよかれと思って「調べてまとめました」という記事を発表しても、正しい情報かどうかの判断ができない以上、かえって危険なこともあります。

　災害時に限りませんが、情報をシェアするときは、その出所を確認する必要があります。人の役に立ちたい気持ちがあっても、専門家に任せる、ということも思い出したいものです。

　また、インターネットメディアは紙の本や雑誌よりも、記事作成のコストや人手を省くため、プロの校正者によるチェックを経ずに載ることが多く、それが孫引きされると、間違った情報が広まってしまうのです。

　インターネットが普及する以前は、異なる出版社から発行された複数の本で確認できれば、まず間違いないだろうという判断軸がありました。しかしいまは複数のウェブサイトに同じことが書いてあるからといって、安全だとは言い切れません。デジタルの情報は簡単に複製できるからです。「そう言っている人が多いから」は、正確な情報だとは必ずしもいえない時代なのです。

　間違ったことを発信してしまった場合、「どこかのブログ

やSNSに書いてあったから」という言い訳は通用しません。大手の新聞社には、情報収集や現場取材をした上で原稿を執筆する記者、それをチェックするデスク、読者目線で見出しや写真の選択、レイアウトを行う整理部、誤字脱字や言葉の確認をする校閲部など、発行までに複数のチェック機能があります。それでも、誤報は起こるのです。

　手にした情報から何を選択し、あるいは排除するのか。それは、私たち一人ひとりの責任にほかなりません。

ポイント④他人の作品の利用には許可をとる
著作権者への配慮
　大手企業によるキュレーションサイトの記事の不適切な内容や著作権法違反が明るみに出たことで、他人の著作物の無断転用や改変、編集に対する注意が喚起されるようになりました。その波紋から、ネット上の投稿記事をまとめた「まとめサイト」が相次いで停止されています。

　「著作物」とは、「思想や感情を創作的に表現したもの」、つまり「創作的な表現」です。著作権法では、著作物の例として9つを挙げています。

　小説・脚本・講演など／音楽（歌詞・楽曲）／舞踊・無言劇／美術／建築／図形／映画／写真／プログラム

ネットでみつけたイラストや風景写真、動画などを無断で自分のブログに載せると、描いたイラストレーターやカメラマンなどから訴えられる可能性があるということです。

コーチ・エィのコーチング研究所が発行する分析データについては、メディアの方から使用許諾について連絡を頂くことがよくあります。たいていは、次の項目がまとめられています。

・記事の中で、研究所のデータを引用したいこと
・データを引用する筆者のプロフィール
・引用したいデータと、引用内容
・引用部分の前後で筆者が展開する理論
・出所を明記すること
・記事の掲載期間

肖像権への配慮
　人権意識やプライバシー意識の高まりから、肖像権についても意識が変わってきています。象徴的なのが、テレビのニュース映像です。街角を映すとき、通行人の顔をぼかすものが増えてきました。

　季節の変わり目に「梅雨明けになりました」という記事

では、紫陽花の名所を訪れた人の顔がはっきり写っている写真などを使うこともあります。カメラマンが断ってから載せているのかもしれません。

　ひと昔前の雑誌には、イメージカットといって、「東京駅の改札口を出て横断歩道を渡る人たち」の写真を遠くから撮影し、サラリーマンの象徴として載せることもよくありました。知人の雑誌編集者は、イメージカットで通行人の顔がはっきり写り込んだものを使ったところ、本人から連絡があり執拗に抗議されたことがあるそうです。

　確かに記事の内容が「リストラ」とか、「汚職」の場合、その写真に写っている人と関係があるように思えるかもしれません。知人は「お金目当てだったのだろう」と言っていましたが、意図はともかく、運が悪ければ大問題に発展することもあります。

　人の個人情報に対する意識も変わってきていますから、勝手に写真を撮ること自体、とがめられる空気になってきています。お店に商品を卸している会社の営業担当者が、店内の写真をフェイスブックなどに勝手に載せるだけでクレームになることもあるといいます。

　レストランの店内や食事を撮影するときも、事前に一言

お店の人に断りを入れるのが、最近の常識になりつつあるようです。「写真を撮るマナー」も、刻々と変わっていくので、意識を高めたいものです。

　　□撮影していいかどうか事前に了解を得る
　　□その写真や動画をSNSなどに掲載していいかどうか了解を得る
　　□他人の記事、画像、映像のコピペも要注意！

　個人のブログや仲間内での閲覧を目的としたものであっても、他の人が書いた記事やネット情報、写真などを許可なく転載することは著作権法違反になってしまいます。

　「他人の著作物の使用」については、今後ますます感度が高くなっていくでしょうから、たとえ個人であっても、無断使用に対してモラルが疑われることが多々でてきます。

　「他者の作品」を使用する際は、当人に許可をもらう、断りを入れるなどの習慣づけが、いっそう求められてくるようになります。

ポイント⑤　間違えたら「訂正」、
状況が変われば「追記」で継続フォローする
　個人の発信者に特に欠けているのは、「間違ったら訂正す

る」という姿勢です。日頃から情報発信に関わる人にとっては当たり前のことですが、個人でそこまで意識する人はなかなかいません。

　ただし、**自分の発信した情報はもちろん、拡散したものについても責任をもってフォローし続ける**ことが、後々の、あるいはリアルの世界での信頼・評価にも影響すると言っても過言ではありません。「あのときの発信情報は間違いでした」と言えば、「間違ったときには、修正する人なのだ」ということがわかり、最終的には信頼につながります。

　読者が数十人しかいない個人ブログであっても、言いっぱなしにはせず、間違いがわかったら訂正する。それこそ、長い目で信頼性を高めるには、明確に訂正文を入れておいたほうがいい。逆に、ひとたび「これ、間違っているんじゃないかな？」と指摘され不信感を抱かれると、そのブログは情報の信憑性に疑問をもたれ、気づかないうちに読まれなくなるでしょう。

　訂正する場合は、単に「直しました」ではなく、「何をどのように直した」と、更新履歴を残すことで、透明性や信頼性の確保になります。

> **例：変更履歴**
>
> 　記事掲載当初、本文中で「H大学での講演」としていましたが、正しくは「S大学での講演」です。お詫びして訂正します。
> 　本文は修正済みです［年月日／時刻］

　さらに、間違えた時だけでなく、発信した後に状況が変われば、後追い情報を追加する。

　例えば、有名タレントAさんの問題発言が炎上したとします。その発言についてブログなどでコメントした後、Aさん本人が謝罪した。ブログには、「この問題発言について、Aさんは後日、次のように謝罪しています」と「追記」する。こうした積み重ねが、信用の蓄積になっていくのです。

　従軍慰安婦の誤報問題などで大幅に部数の減った朝日新聞は、「信頼回復と再生のための行動計画」を公表した際、双方向で課題解決を目指すパブリックエディター制度を導入し、訂正欄を社会面にまとめるようになりました。

　修正するとき、間違いを指摘された直後は精神的に動揺してしまいます。そんな状態で、一刻も早く直そうと焦っ

て作業をすると、間違いの訂正をまた間違えるなど、間違いの上塗りのようなケアレスミスが発生することがあります。急がなくてもいいものは、落ち着いて作業するといいでしょう。

フェイスブックが提唱する「偽ニュース」の見分け方

　2016年の米大統領選で偽ニュース対策を十分に講じなかったと批判されたフェイスブックは、2017年のイギリスでの総選挙に先立ち、同国の主要紙に「一緒に偽ニュースの拡散をやめていこう（Together, we can limit the spread of false news.）」という新聞広告を出しました。

　そこで掲載されている次の「偽ニュースに騙されない10のコツ」は、フェイスブックのヘルプセンターサイトで詳しく見ることができます。

1．見出しを疑う
2．URLを注意して見る
3．ソースにあたる
4．変わったフォーマットに気をつける
5．写真が記事に適したものかを確認する
6．日付をチェックする
7．根拠を確かめる

8．他のニュースもチェックする
9．ただのジョークなのかを見極める
10．批判的に読んで、信頼できる記事だけをシェアする
（出典：https://www.facebook.com/help/188118808357379）

ひとつの「事実」と幾通りもの「解釈」

コップ半分の水の量、多い？ 少ない？

　物の見方について考えるとき、「水が半分入っているコップ」を想像してみる、というものがあります。

　コップに水半分の状態を、「半分もある」と感じる人もいれば、「半分しかない」と感じる人もいる。

　少し異なる視点ですが、次のような話を聞いたことはないでしょうか？

　旅人が広場でレンガを積んでいる４人の職人に「何をやっているのか？」とたずねた。

　職人Ａ：レンガ積みさ。

職人B：大きな建物を作っているんだ。
職人C：歴史に残る立派な大聖堂を作っているんだ。
職人D：みんなが集まって幸せな気持ちになれる場所を作っているんだ。

「レンガを積む」というひとつの行動について、作業、プロジェクトのゴール、業績、社会的意義など、それぞれ異なるレベルで捉えた話です。

共通する一連の話であっても、どのレベル、視点、立場で話しているのかは、人それぞれです。ビジネスの場面で日々生じる意見や感情の食いちがいの背景には、このような「見方のズレ」によるものも多々あるように思います。

一つの事実や事象をどう捉えるか。誰もが、自分なりの解釈、先入観、あるいは偏見を持っています。そのことを自覚した上で、どのような言葉をもって「そのこと」を表現するのか。自分の解釈と異なる見方がいくつもあることを、私たちは常に念頭においておく必要があります。

解釈を言葉で変える

ディズニーランドは、ゲストはもちろん、働く人の満足度も高いことをご存じでしょうか。働く人の満足度が高いからこそ、良質なサービスを提供できているとも言えるか

もしれません。その環境づくりの工夫のひとつが、言葉の使い方です。

　来場者は「お客様」でなく「ゲスト」
　働く人は「従業員」でなく「ホスト」や「ホステス」「キャスト」
　着るものは「ユニフォーム」でなく「コスチューム」
　聴衆でなく「オーディエンス」

　言葉を変える、つまり解釈を変えることで、働く一人ひとりの「ゲストのハピネスを演出する」意識が高まる。言葉を工夫することで、人の意識も行動も大きく変わることがよくわかる事例です。

　また、私は幼少の頃、南米のブラジルやベネズエラに住んだことがあり、大学ではポルトガル語を専攻しました。ポルトガルの歴史で欠かすことのできないのが大航海時代。私が留学した90年代前半にも、500年も前の栄光を、つい先日のことのように意気揚揚と語る人たちがたくさんいました。

　ところで、この大航海時代、日本では「地理上の"発見"」という言葉で表現されていました。

しかし、これはスペインやポルトガルなど、ヨーロッパ側からみた表現であり、「発見された側」からすれば、「元々ここに居た」のであって、「発見された」わけではない。そうした観点から、「大航海時代」や「コロンブスの大陸到達」と言い換えるようになっています。

　ひとつの事実をどのように捉えるかは千差万別で、よほど意識しないと、「事実」と「意見」、「他人の説を元にした自分の考え」が不明瞭な状態になってしまいます。

　もうひとつ、考えてみましょう。

「男は意を決したように社長室に入っていった」

　という文章は、小説であれば問題ありませんが、報告書などのビジネス文書ではどうでしょうか。

　自分の受けた印象（意を決したように）と、事実（社長室に入っていった）が混在しています。

　印象について書くとしたら、自分一人が抱いた印象なのか、それとも大勢の人が共通で受けた印象なのかを区別すること。日本語は主語がなくても通じるため、「一般的な事実」なのか、「誰が受けた印象なのか」「誰の考えなのか」が

不明な文章が、ことのほか大量に出回っています。

　この文を誤解のない書き方にすると、

「男は社長室に入っていった。私は彼が意を決しているように感じた」

　となります。

　フランスの詩人で小説家のレーモン・クノーによる『文体練習』（朝日出版社）という本があります。

「フランスの市営バスの中で、男が何かを言いながら席に座った。その男は２時間後、別の場所で、他の男と上着について語った」

　このひとつの出来事を、メモ風、主観的表現、客観的表現、コメディー風、女子高生風など、99通りの文体で書き分けた実験的な作品です。たったひとつの「現象」が、書き手のキャラクターや、文体によって意味合いだけでなく印象も七変化すること、ひとつの事実の周りには、いくつもの解釈や見方があることを、読むことを通して体感できる本です。

取り調べ室で行われた、解釈の闘い

　2009年の郵便不正事件で大阪地検に虚偽有印公文書作成容疑などで逮捕・起訴され、翌年の裁判で無罪確定、職場復帰を果たした厚生労働省の村木厚子さん。

　女性官僚の逮捕ということで、マスコミからも注目されました。無罪確定後に出版された著書『あきらめない』には、検察の無理な取り調べの様子や、調書が作成されていくプロセスが克明に記されています。その中で、「相手に伝えること」について書かれたくだりがあります。

　「自分の思っていることを相手に言葉で伝えることはけっこう難しい。後で弁護士にも聞きましたが、依頼人が弁護士に話をしてそれを文章化してもらう時でも、思った通りの文章にしてもらうのはけっこう難しいそうです。同じ言葉でも自分と相手が受け取る意味は違うし、時に、私も含めて自分に都合よく解釈してしまうことは多々あります。ましてや、自分と全く価値観が違う人との意思疎通は難しくて当たり前。その一番ひどい状態が取り調べなのかもしれません」
（『あきらめない』村木厚子、日経ビジネス人文庫、p.152）

　例えば、村木さんが「私は会った記憶がないが、仕事では多くの方に会うので会っていないとは言い切れない」と

言ったことが、検察の調書には「私は会っていません」と断定した表現で書かれる。検察側の解釈やストーリーで書かれる調書を「少なくとも嘘はない」のレベルのものにするために、どんなに些細なことでも、「違うことは違う」と最後までがんばり、納得がいかない時は調書へのサインも拒否するようになったそうです。

　取り調べでは、捜査に協力するという公務員としてのスタンスを守り、聞かれたことにはすべて正直に答える姿勢でいたそうです。ただ、やってもいないことを「やった」とは絶対に言わされないようにしよう。それだけはやり遂げようと考えていた、と。

　村木さんは、普段の仕事の中でも、リーダーとして情報の共有化を心がけ、ミッションや概念を言葉で表すことの大切さを説かれています。例えば、これまでは「しつけ」でまとめられていたことを「虐待」と捉えなおすことで、被害者を守る一歩になっていく。職場でも、「あうん」の呼吸に頼らず、言葉で伝え、共有できる言葉を探す努力が必要だと。

　村木さんの本からは、「言うこと」「言わないこと」を明確にすることの大切さ、そして「言葉」で表すことの難しさを改めて学ぶことができます。

その事象、ネガティブ？ ポジティブ？

「ネガポ辞典」というスマホアプリがあるのをご存じでしょうか。北海道の女子高生3人がつくったもので、ネガティブな言葉をタップすると、同じ意味をポジティブに言い換えた言葉が出てくるものです。同名の書籍も出ていて、10万部を超えるベストセラーになっています。

　飽きっぽい ⇔ 気持ちの切り替えが早い、行動力がある
　悲観的 ⇔ 想像力豊か、思慮深い、慎重
　KY ⇔ まわりに流されない、自分の意見を主張できる、YK（よどんだ空気）をこわしてくれることがある、愛嬌がある

など。同じ事柄、事実であっても、見方や言い方次第で、こんなにも印象が変わるものか、ということが分かります。言葉の選択は、その場の雰囲気にも大きく影響を与えます。

「〇〇はすごい！」「〇〇は惜しい！」で良いところ発見の練習

ここで、私が折に触れてしている「いいところ発見トレーニング」をご紹介しましょう。

たとえば、目の前にトマトがあったら、「トマトはすごい！」と言い切る。本当はトマトが嫌いであっても、関係

ありません。まずは、「すごい！」と決めてしまう。そして、なぜすごいのか、その理由をあれやこれやと考えるのです。

「赤い色がきれい」
「酸味がおいしい」
「人を健康にする」

　というように、次々と浮かんでくるはずです。

　これをもう一歩進めたトレーニングとして、「○○は惜しい！」というものもあります。

「トマトは惜しい」と言い切ってみる。そして、その理由を探すと、あまり考えたことのなかったトマトの「惜しい」点が出てくる。

「イチゴぐらい甘ければ、子どもにもっと好かれるのに」

　というように、改善点が見つかるというわけです。

「ここがダメだ」と欠点をあげつらうのではなく、「惜しい」という表現にすることで、「本当はもっと素晴らしいのに、足りない点は何か？」に意識が向く。

これを人にあてはめると、その人の強みやすごさの発見、また、応援したくなる気持ちが高まることもあります。

　これは、会議での発言やプレゼンの発表、お客様からの提案といったビジネスシーンでもつかえます。「すごいことは何か？」「惜しい点は何か？」という問いを起こすことで、見えてくるものが違ってきます。

　広報担当者は、「いいこと探し」も大切な役目で、大きなニュースのないときにも、「良い情報」を探し、発信していくことが求められる仕事です。小さいことでも、その中に良い要素をみつけて外に出していく。人や物、コトのいいところを探そうとするとき、この「すごい！」「惜しい！」トレーニングは、とてもお奨めです。

**「白黒つける」よりも
「グラデーションの幅」を広げる**
　ビジネスの場では、とかく明瞭に伝えよ、と言われます。ただし、時と場合によっては、断定的な物言いを避けるほうがいいこともあります。

　なにかひとつのことを肯定したということは、そうでないことを否定することになるからです。

「Aさんは、最高です！」とほめたつもりでいると、Aさん以外のBさん、Cさん、Dさんは「最高ではなかった」ということになります。

　一方を持ちあげるともう片方が……という状態を避けるには、

「〇〇の中では」
「この点については」
「この場合は」
「こういう条件では」

　など、コメントの範囲を決める、あるいは限定することが効果的です。

　また、「俺はこうだと思う」とか、「あいつはこうだ」と言い切るのは一見カッコいいものですが、白と黒の間には無限のグラデーションがあること、「物事はすべてグレーだ」という基本スタンスに立つことで、意見や見解を押し付ける印象を減らすことができるでしょう。

　白黒つけられない真ん中こそ、想像力を働かせたい領域です。「自分の感覚に湧き起こる瞬時の"感じ"」をキャッチし、「これもありか？」「あれもありか？」と、グラデー

ションの幅を広げることで選択肢は増え、他人への許容範囲も広がっていくのではないでしょうか。

　例えば、いつもどおりに家を出たのに電車が止まってしまった。そんな時にイライラするだけか、「せっかくできた時間だと思って、資料を見直す時間にしよう」と思えるか。

　一つの事象や出来事への解釈の幅をたくさんもつ人ほど、可能性を広げることができるのではないでしょうか。

強みは弱み、弱みは強み、人を観る４つの視点
コミュニケーションの「タイプ分け™」

　人間の短所は長所にもなります。いろいろな個性を持った人がいるからこそ、強みを生かし、欠点を補い合って強いチームができる。ノリがいい人たちだけでは細かい作業が進まないこともあるし、細かすぎる人たちだけでは新しいアイディアは生まれにくいでしょう。適材適所でそれぞれの個性を生かすことが一番いいのだと思います。

　急成長中の、ある中小企業の女性社長さんが採用について語っていました。

　「クヨクヨ型は、経理に向いている」

小さいことにもこだわってクヨクヨしたり、反省したりしている人は、周囲に鬱陶しい感じを与えることがあります。でも経理や法務のように小さなミスも許されない仕事には、そういう細部にこだわる特徴や性格の人が適しているというのです。

　またその社長は、面談時のネクタイもヒントになるとおっしゃっていました。凝ったデザインのおしゃれなネクタイをつけてくる人は、経営企画に向いている可能性がある。採用面接には、紺色など無難なネクタイをしてくる人が多いなか、常識や協調性が欠如しているという見方もできますが、流行に敏感であることは、トレンドをキャッチする能力が高く、時代の半歩先を読み、経営企画を立てる仕事の適性があるということでしょう。

　人のコミュニケーションスタイルを4タイプに分類した「コミュニケーションのタイプ分け」という考え方があります。コーチ・エィが、臨床心理学、組織行動学などをベースに開発したもので、「人を理解する」ための視野が広がります。

1　「コントローラー」
　人や物事を支配することが得意。行動的で、自分が思った通りに物事を進めることを好むタイプで、人から指示さ

れることを嫌います。決断力があり、仕事のスピードが速く、人を寄せ付けない雰囲気が特徴です。このタイプの人には、こちらがコントロールしないようにすることが大切で、話をするときは結論から切り出すと良い関係が築けます。

2 「プロモーター」
　人や物事を推進するのが得意。アイディアが豊富で、自分からよく話すタイプです。大雑把で飽きっぽい傾向があります。社交的でオープンですが、人の話はあまり聞かないのが特徴です。自分のアイディアに自信があるため、それを否定されると落ち込みます。独創性を発揮できる自由な環境を担保すると、実力を発揮します。

3 「アナライザー」
　分析や戦略を立てるのが得意。行動は慎重で、物事に取り組むとき、データを集め分析し、計画を立てるのが得意なタイプです。客観的、冷静に物事をとらえ、対人関係では頑固、まじめといわれる傾向があります。人と関わる際も慎重で感情を出さないため、こちらから相手のペースに合わせることが大切です。

4 「サポーター」
　他人を批判することは好まず、全体を支持することが得

意。人を援助することを好み、協力関係を大事にします。決断に時間がかかる。他者の気持ちに敏感で、気配り上手。「ノー」と言うのが苦手なため、何を望んでいるのかをこちらから聞くようにすると信頼関係が深まります。

それぞれのタイプには、人から言われて嬉しい言葉やモチベーションの上がる関わり方、あるいは発言の仕方などに特徴と傾向があります。私たちはとかく「自分の嫌なことは他人にするな」と言われて育ってきました。しかし、自分に嬉しいことが必ずしも相手にも嬉しいことなのかはわからない、ということです。

程度に強弱はありますが、誰にも４つのタイプは備わっており、元々の個性や環境、役割によって、どのタイプが強く出るかが変わってきます。

同僚のコーチが、「４つのタイプ」をSMAPのメンバーで説明しているのを聞き、なるほど、と思ったことがあります。みなさんは、わかりますか？

コントローラー：木村拓哉さん
プロモーター：香取慎吾さん
アナライザー：稲垣吾郎さん
サポーター：草彅剛さん

そして、リーダーの中居正広さんはコントローラーとプロモーターを併せ持ったプロコン。

　SMAPが、長年にわたりトップアイドルとして活躍し続けたのは、それぞれの特徴、強みが存分に生かされたグループだったからだともいえるのではないでしょうか。グループは解散してしまいましたが、この特徴はとてもわかりやすいものだと思います。

「4つのタイプ」は、自分の行動パターンや考え方への理解が深まるだけでなく、自分とは異なる価値観、感じ方、行動の仕方があること、その人たちとの関わり方のバリエーションが増えるきっかけにもなります。ぜひ一度、「タイプ分け」診断をされることをおすすめします。
　http://test.jp/common/type_about

愚痴や不満はイノベーションの源
　日々働いていれば、面白くないことが続いたり、八方塞がりでどうしていいかわからないときが当然あります。

　よく言われることですが、それは、まさにチャンス到来の合図です。なぜなら、愚痴や不平不満はイノベーションの源泉だから。

暑すぎるとか寒すぎるという不満がエアコン、毎日の洗濯の大変さが洗濯機の誕生につながったわけです。

　愚痴や不満があるなら、我慢したり、誰かに愚痴ったり、お酒を飲んで発散したりするだけではもったいない。そこにどんな可能性や希望があるのかを考えてみると、新しい方向性やチャレンジの芽吹きが見えてくるかもしれません。

　愚痴の中には、将来の夢や希望、本来やりたいことが含まれていることも多いものです。「こんなはずじゃない」という可能性を感じているからこそ、愚痴や不平不満が出てくるのです。いまの環境に不満があるということは、そこから抜け出すヒントが隠れているということです。

　部下や後輩の不満を受け止める上司であれば、不平不満を一通り聞いたあとで、こんなふうに聞いてみるといいでしょう。

「本当は、あなたはどうしたいの？」
「じゃあ逆に、あなたが理想とするのはどういう状態なんだろう？」

　そうすれば本人もただ愚痴るのではなく、建設的な方向

に解決策を考えるようになるでしょう。そうするとhave to（しなければならない）がwant to（したい）に変わっていきます。

　もちろん自分自身が不満を抱えているときに、愚痴を言っているだけでは評価も信用も得られません。「みんなの飲み終わったペットボトルが溜まってかさばるので、ウォーターサーバーを導入したらどうでしょう？」など、提案に言い換えてこそ、次が開けてくるのです。

　多摩大学大学院教授でシンクタンク代表の田坂広志氏は、「エゴ・マネジメント」という言葉を用い、自分のエゴがみんなのエゴになれば、それは大義名分になるといいます。「人間の心の中の"小さなエゴ"（小我）を無くすことはできない。されば、その"エゴ"を"大きなエゴ"（大我）へと育てていくべき」と。

　自分の小さな不満を提案に変え、仲間や世の中みんなが求める幸せ、すなわち大義名分にすることができれば、社会全体に良い影響を与えていく、という同氏の言葉には、大きな希望を感じます。

「言う？ 言わない？」を考える一拍の間 「3つのF」の視点

　この章では、情報の信憑性、正確性を判断する「情報を選ぶ」視点と、ひとつの事象をめぐる「解釈の多様性」について触れてきました。

　次から次に押し寄せる情報や事柄をどう解釈し、意味づけるのか。

　それは、最終的には一人ひとりに委ねられています。そしてその「今の」解釈を元に、「何を言う」のか「何を言わない」のかを、自らの責任において判断する。人のせいにできるものではありません。

　まずは、自分の見方や解釈には、何らかの偏見や癖があることを自覚する。そして、知ったこと、見たことを人に伝えたいと思ったとき、「それは本当のことなのか？」「他の見方はないのか？」と一度踏みとどまり、確認する。

　その一瞬の「間」をもつことが、社会に発信するときに自分を守る手立てとなるのではないでしょうか。

　「言う」「言わない」を判断するとき、私は「3つのF」の視点を意識しています。

① Fact：ファクト（事実 = 出来事、情報、事柄、行動、現象など）
　あるひとつの事柄や情報、出来事をとらえる
② Feeling：フィーリング（感情 = 感想、感覚、印象、解釈、意見など）
　それに対してどんな感想や意見があるのかをとらえる
③ Future：フューチャー（未来 = 将来像、期待、先行きの予想など）
　それを、どう扱っていくのか？ 言うのか、言わないのか？をとらえる

　ひとつの情報や現象をこの3つの視点でとらえることは、「事実」と「意見」「他人の説を元にした自分の考え」の混在がなくなるという利点もあります。

　独りよがりでない、複数の視点での検証、意見や思想の異なる人たちの立場に立って考え方や捉え方を考慮すること、その情報を発信することの影響まで考える時間をもつことができます。

　「言う・言わない」を踏み出す前の、一瞬考えるための「間」と言えるでしょう。

第6章

では、何を伝えるべきなのか？

「言いたいこと」は
あなたの口が教えてくれる

「選ばれる」ために「言うこと」を選ぶ

　2015年は、キューバとアメリカが、54年の断絶を経て国交を正常化したことが話題になりました。この二つの国の和解をとりもった人物がいます。第266代ローマ教皇フランシスコです。教皇はSNSを活用した発信にも力を入れ、ツイッターによる発言は9か国語に翻訳されているそうです。

　チベット仏教の最高指導者、ダライ・ラマ14世もツイッターで発信しています。聖職者とSNSは一見結びつかないように思いますが、発信し続けるという点で、宗教組織は常に時代の最先端を歩んできたといって間違いありません。

　SNSが発達した今、「発信する能力」が必要なのは、企業や組織、団体、経営者だけではありません。さまざまな専門技能や世界観、意見をもつ人たちが世代や地域を超えて流動的にチームを組み、アイディアを共有しながらプロジェクトを発展させ、終了とともに解散する仕事のスタイルはますます増えるでしょう。

国内外で数々の大型デジタルアートのプロジェクトを手がけるチームラボの代表、猪子寿之さんは、「新しい時代は、いろんな専門性の人が集まり、一緒に考えて一緒に作っていく『共創』『集団的創造』の時代になっていく」と仰っています。

　チームラボでは、プログラマーやエンジニア、建築家、数学者、CGアニメーター、グラフィックデザイナーなど多種多様な専門家が集まり、一緒に考えながら手を動かし、プロジェクトを創っていくそうです。

　現代美術家でMITメディアラボの助教でもあるスプツニ子！さんは、「これからこういうアート作品を作りたい。こういう材料で、こういう感じ」と、ツイッター上で仲間を募ります。それに賛同した人たちと都度プロジェクトを組み、協力しながら作品をつくるスタイルが特徴です。

　必要に応じて「誘い、誘われ」「選び、選ばれ」ながら、チームを組む流れはアーティストの世界だけではありません。以前、全国の高校生から大学院生のチームが自治体の公表するビッグデータを解析し、市町村の課題解決を競うコンテストがありました。

　受賞チームのひとつに、SNSで呼びかけ、宮城や島根な

ど、日本全国から集ったデジタル・ネイティブ世代の高校生6人からなるチームがありました。スカイプなどのデジタルツールを駆使して打ち合わせ、初の顔合わせは決勝当日だったそうです。

　縦横無尽につながる未来型の仕事の仕方は、すでにいろいろなところで始まっています。

　AI（人工知能）の実用化も、思いのほか急速に進んでいるようです。その中では、「自分ができること、したいこと」を積極的に発信していかなければ、自然淘汰されていきます。

　自分を理解してもらう、つまり「選ばれる」ための工夫は企業だけでなく、個人レベルでも必要な時代なのです。では、自分を「選んでもらう」ための発信とはどのようなものなのでしょうか。

人はビジョンと足跡に誘われる

　演説力の高さに定評のある政治家の小泉進次郎氏が「ビジョンを伝える言葉の力」というテーマで講演した動画を見ました。

　同氏は「リーダーに求められるのは、ビジョンだけでは

ない。人は、ビジョンと共に、その人がどんな人生を歩んできたのか、どんな訴えを続けてきたのか、あるいは、どんな道のりを歩み続けてきたのか、"今までの足跡"も一緒に見ているのではないか？」と熱弁していました。

「人とつながり続ける」には、どういう足跡を残してきたのか、そして何をしようとしているのか。足跡やビジョンを、借り物ではない自分の本心から出た言葉で語ることが必要だ、と。

「自分の言葉」でしか伝わらない

福井の老舗眼鏡フレームメーカー 増永眼鏡は、1905年、冬の農閑期に収入を得られる地場産業を築くという夢を抱いた増永五左衛門が弟の幸八とともに創業しました。「日本に教育が普及し、新聞や雑誌などの活字文化が広がると、眼鏡は日本人の必需品になる」と眼鏡に着目。今は5代目となる増永宗大郎さんが継いでいます。

その社是を、文殊山が見下ろす白い社屋で見ました。

「当社は、良いめがねをつくるものとする。
　出来れば利益を得たいが、やむを得なければ損をしてもよい。
　しかし常に良いめがねをつくることを念願する」

創業来1世紀、戦災や震災など、数々の苦難を乗り越えながら、5代にわたって守り抜いてきた"願い"。特大の風呂敷は広げずとも、等身大の言葉にこもる熱意や本気は、聞く人、見る人、周囲の人たちに伝染します。

　今や福井県は、国産眼鏡フレームの9割以上のシェアを誇る「めがねの一大産地」となっています。

　コーチ・エィの社長 鈴木義幸は、大手企業をはじめ、多くのエグゼクティブをコーチングしています。その経験から、年始や入社式、株主総会など、社内外のさまざまな場面でトップが語る「言葉」に力があるか否かは、内部基準すなわち「自分の言葉」で語られているかどうかだ、と言います。

　外部のコンサルや経営企画、広報の担当者に原案を作らせるのでなく、世の中や自社を自身の独自の視点で見つめる。そして経営者自らの「言葉の力」で理念やビジョンを再確認することが、いま、日本企業に求められている企業統治に結びつくのではないか、と提言しています。

ビジョンを「自分の言葉」に置き換える
　では、「言葉の力」で理念やビジョンを再確認する、とは

どういうことなのでしょうか？

　宮城県にあるティ・ディ・シーは、超精密領域で各分野の先端技術に関わっている企業です。小惑星探査機「はやぶさ2」の回収カプセルにも研磨技術が採用され、経済産業省「グローバルニッチトップ企業100選」や「元気なモノ作り中小企業300社」などに選定されています。

　同社の赤羽優子社長は、2015年5月に、父親である先代から社長の役を受け継ぎました。社長への就任時期にエグゼクティブコーチをつけ、その一番の効果を「経営者として『ビジョン』を明確にできたこと」だと語ります。

　理念そのものは先代の時代から存在し、赤羽さんにも身近なものではあったものの、「自分自身の言葉」にはなっていなかった。つまり、理念が社員や自分につながっていなかった、と。

「どんな会社を創りたいのか？」
「何のために働くのか？」
「社員たちは何を目指しているのか？」

　コーチにさまざまな角度から質問され、時間をかけて自分の言葉に置き換えていったそうです。

では、何を伝えるべきなのか？

コーチングのプロセスの中で赤羽さん自身が言葉にしたのは、

「社員全員がいきいきと、幸せな生活ができること」
「短い労働時間で高い給料を払えること」
「そのためには、お客さまに感謝される仕事をすること」
「他社ができない挑戦を続けること」

などでした。

ビジョンを自分の気持ちにしっくりくる言葉に落とし込み「自分の言葉にする」のは、「社長としての軸」を育てる必要不可欠なプロセスだったと赤羽さんは振り返ります。

自分なりの表現にしていく過程で、「こういう会社を創りたい」という軸が固まるとともに、そのビジョンを社員にも伝えやすくなり、「一緒にやっていこう」と周囲の人たちの協力を仰ぎやすくなったそうです。

「会社の理念」自体は変わらなくても、時代や社長によって、語られる言葉は変わるのでしょう。大事なものを継承しながら、自分なりの想いをどう融合していくのか。社長のロールマッチングとは、「言葉の力」による「ビジョンの

再構築」とも言えます。

「立ち止まる時間」から生まれる「本物」への確信

　日本でも、エグゼクティブコーチをつける経営者や、役職層に1対1のコーチをつける企業が増えています。あえて日常業務から離れる時間を確保し、守秘義務のあるコーチとの対話によって思考を整理し、言葉としてアウトプットする。

　コーチングの時間は、目まぐるしい日常から「一拍おいた」時間なのでしょう。2、3週間に1時間程度の対話の時間を何年も継続してもつトップの方が多くいらっしゃいます。

　ある経営者は、自らのコーチングの経験について、次のようにお話しくださいました。

「コーチから、『あなたが、"経営者として"本当にやりたいことは何ですか？』と聞かれました。目の覚める質問でした。やるべきことはたくさんあるが、"経営者"としてやるべきことをやっているか？という内省が起きました。
　人のエネルギーを使う立場にある以上、それは『良質なもの』でなければならない。『良質な課題』の定義は難しいが、何か月にもわたり、コーチとの対話の中で何度も何度

も自分のアイディアや考えをボツにしてきたこと、対話から生まれてくる確信やコンセンサスを得たことはとても大事だと思っています。

何度も内省を繰り返したものは、良質と言っていいのではないか。少なくとも、思いつきでない、"本物"に取り組んでいるという確信をもてている」と。

私たちはみな、何かしら「やりたい」「言いたい」「こうなったらいいな」という想いを胸の内に抱いているのではないでしょうか。その想いに気づいているか否か、あるいはその強弱によって、行動のスピードや実現度合いに必ず差がでてきます。

誰もが、「自分の言葉」をもっている
では、「本当にやりたいこと」にはどうしたら出合えるのでしょうか？　頭の中で未完成な「やりたいこと」「言いたいこと」を熟成させ、「本物」へと昇華させいくにはどんな方法があるのでしょうか？

糸井重里さんは、「自分の『やりたいこと』は何なのかを探すことが、実は一番難しいことで、それを探したらもう失敗なんてあり得ないとさえいえるのです」と著書『インターネット的』に書かれています。

そうです。私たちは、「本当にやりたいこと」をずっとずっと探し続けていくのだと思います。大きな企業の社長さんから子どもまで、大なり小なり「やりたいこと」を探りながら、前に進み続けている、ということなのでしょう。

　そして、「やりたいこと」のヒントは、私たちが普段話している言葉、思考している時の言葉の中に潜んでいます。むしろ、その中にしかありません。

　鈴木義幸は、「**あなたが求めていることは、あなたの口が教えてくれる**」と言います。

　誰もが自分の内にもっているその言葉を「しっかり受け止めながら聞いてくれる人」に話すこと。それが、「やりたいこと」「言いたいこと」を本物レベルに昇華させる最短かつ最強の手段なのです。

　そこに、「コーチの存在意義」があるのです。

コーチは言葉を探すパートナー
　ではなぜ、「話すべき人」に話すことで「やりたい」「言いたい」ことの精度は上がるのでしょうか。

人の思考スピードは、話し言葉の20〜30倍とも言われ、頭の中でせっかく思いついたアイディアや気づいたことは、よほど意識しないと記憶に残らず、次々に素通りしてしまいます。それを話すことで一旦外に出す。私たちは、頭の中にあるものを外に出すことで、「内側で思っていることを知ることができる」生き物なのです。

　人は、自分でも自分の話を聞いています。自分一人の内側にある思いやアイディアを外にアウトプットし、「自分と切り離す」ことで、それらを客観的に捉えることができます。自分の内なる想いを認識できる瞬間です。

　そして、「他の人」に話すと、その「聞き手」になんらかの反応が起こります。その反応を受け取ることで、さらに思考が深まる。エグゼクティブコーチの役割のひとつが「上質な思考」を深めるための、「良い聞き手」と言われるゆえんです。

AIがまだ持たない、人間特有の能力「目的の設定」

「やりたいこと」「言いたいこと」を本物レベルに昇華させる過程で、コーチがクライアントに必ず聞くのが「何のために」という目的です。

プロ棋士に初めて勝利した現在最強の将棋プログラム「ポナンザ」の作者 山本一成さんは、著書『人工知能はどのようにして「名人」を超えたのか？』（ダイヤモンド社）で、「目的を持つ」とは、「意味」と「物語」にとらわれた人間ならではの能力であり、AIは、「そもそも、何をすべきか？」という目的を設計できる能力（＝知性）をもたない、ということを書かれています。

　何かを見聞きしたとき、それに意味を感じ、物語として理解する能力は、現在のところ人間特有のものだそうです。

　2017年5月、フェイスブックのザッカーバーグCEOが、ハーバード大の卒業式で演説をしました。その内容、動画は、ともにハーバード大の公式サイトに掲載されています。

http://news.harvard.edu/gazette/story/2017/05/mark-zuckerbergs-speech-as-written-for-harvards-class-of-2017/

　これから社会にでる卒業生に同氏が贈ったはなむけの言葉は、自分たちの世代がやるべきことは「自分一人の目的」でなく、"誰もが"人生の中で目的を持てる世界を創り出すことだ」というものでした。

I'm here to tell you finding your purpose isn't enough.

では、何を伝えるべきなのか？

The challenge for our generation is creating a world where everyone has a sense of purpose.

　ザッカーバーグ氏は、ジョン・F・ケネディがNASA宇宙センターを訪れたときのエピソードを紹介しました。ケネディがホウキを持つ門番に何をしているのかを訪ねたところ、「大統領、私は人類を月に送る手伝いをしているのです」と答えた、というものです。そして、「一人ひとりが、自分以上の何か大きなものの一部だと感じられる目的を見出すこと、それは、自分が必要とされ、より良い未来のために頑張れるもので、本当の幸福感を生み出すものだ」と語りました。

Purpose is that sense that we are part of something bigger than ourselves, that we are needed, that we have something better ahead to work for. Purpose is what creates true happiness.

　自分の目的が、自分だけでなく目の前の家族や友人、知り合い、その先の社会や未来にどのような影響やつながりがあり、何をもたらすのか。自分のやりたいことと「自分以上の大きなもの」との間に意味合いや関係性を感じることができたとき、人は本来以上の力を発揮できます。

「みんなで、誰もが目的を持てる世界を創ろう」

ザッカーバーグ氏はこれから世に出る若者たちにそう訴えたのでした。

「何のために」が普遍的なものになればなるほど、それを発する言葉も、周囲の人に伝わる熱量も大きなものになるのでしょう。

ゲストの言葉を引き出すキャスターの仕事

NHK「クローズアップ現代」のキャスターを23年務めた国谷裕子さんの『キャスターという仕事』(岩波新書) は、「言葉の力を信じて、キャスターという仕事とは何かを模索してきた旅の記録」だそうです。

国谷さんは、番組の生放送中のゲストトークで難度が高かったのは、テーマについての説明や分析よりも、ゲスト自身の私的な見方を引き出すことだった、と言います。

ゲストが"一個人として"番組テーマの何をどう見るのか、どんなことにこだわっているのか。打ち合わせでその人と向き合ったときに、「何を大事に思っているのか？」「なぜ、ここに関心があるのか？」を毎回イチから聞いたそうです。

そして、表情や言葉の強さ、話の長さからその人の「こだわり」を探り、思わず漏れてきた言葉の端々に、奥深い何か、番組として掘り下げるべき何かが隠れているのではないかと耳を傾けた、と。

その日のテーマが親子の関係、学校・教育だった場合には、「一人の父親」「母親」としての言葉、あるいは「生活者」としての眼差しから出てくる「言葉のほとばしり」「私的な見方」にこそ、視聴者が共感する普遍的なメッセージに結びつくものが秘められている、と書かれています。

ビジョンを作る「3つのステップ」

一人でもできる「やりたいこと」をみつけるヒントとして、鈴木義幸の著書『リーダーが身につけたい25のこと』(ディスカヴァー・トゥエンティワン)に記載されている「ビジョンを作る3ステップ」をかいつまんでご紹介します。

①「ビジョンを描くための素材集め」(自分に"取材"する)

まず、自分の過去から素材を探し出します。「素材」とは、小泉氏の言うこれまでの「足跡」といえます。「過去からの素材集め」では、次のような問いをしていきます。

Q この○○年間、何に一番駆り立てられてきたか?

Q 何をしていたときが一番わくわくしたか？
Q どのプロジェクトに取り組んでいたときが一番燃えたか？
Q 周りからのどんな言葉が仕事のやりがいを高めたか？
Q どんなとき使命感を覚えたか？

こうした問いについて考え、答える中で、自分が価値を置いていること、大切にしていること、手にしたいことをはっきりさせていきます。

②「素材をもとにビジョンを構築」（"右脳"でビジョンを語る）

ビジョンについて、コーチや普段話を聞いてくれる同僚や友人に話す。最大のポイントは「ビジョンを描くことが目的」だと伝え、ひたすら聞いてもらうことです。他には、次のようなことを意識します。

・3年先、5年先などターゲットを決める
・まっさらなキャンバスを自分の言葉で満たしていくようにスピード感をもって話す
・右脳のひらめきでどんどん言葉を発していく
・頭で言葉を搾り出すのではなく、口が勝手に言葉を紡ぎ出すのを止めない
・目安としては1時間以上、ノンストップで話しつづける

・一度きりでなく、何度も話す機会をもつ

③「ビジョンの書き出し」（ビジョンの視覚化）
　絵が得意な方は「描き出す」でもいいでしょう。書くという作業でビジョンが視覚化され、より強く自分に叩き込まれるようになります。「ぼくは大人になったら、世界一のサッカー選手になりたい」と書いた本田圭佑さん、「ぼくの夢は、一流のプロ野球選手になることです」と書いたイチローさんの作文と同じです。

　未来のありたい姿を現実のものにしている人の多くは、ビジョンを言語化あるいは描画化しています。

　鈴木は、ビジョンとは何度も上塗りすることで表現する"油絵"のようなものであり、このプロセスも「一度行ったら完成」ではなく、定期的に続けることをお奨めしています。

「言いたいこと」を磨く方法

「自分の言葉」を探す「3つのF」の視点
　「本当にやりたいこと」「本当に言いたいこと」は、日常で

使っている話し言葉、書き言葉、思考するときの言葉の中にある、とお話ししました。人は、自分の言葉の中から問いを生み、考え、納得する答えを導き出しているからです。

では、「自分の言葉」をどのようにキャッチするのか？

ここでも、私は、3つの「F」の視点を切り口に、自分の言葉を意識するようにしています。印象的な出来事や一日の振り返り、プロジェクトが終わった後など、折々の節目や区切りを振り返る時に、5章で紹介した次の3つの視点で考えてみるのです。

> Fact：ファクト（事実 ＝ 出来事、情報、事柄、行動、現象など）
> Feeling：フィーリング（感情 ＝ 感想、感覚、印象、解釈、意見など）
> Future：フューチャー（未来 ＝ 将来像、期待、先行きの予想など）

「ファクト」と「フィーリング」という切り口で「事実」と「感情」を意図的に分けることは、複数の立場や視点で考えるきっかけになります。また、情報を人に伝える時に、「事実」のシェアなのか、自分の感情も付加した情報なのか、の意識も高まります。

これら3つの意味と、思考する際の問いを、「資格の取得」という経験を例に考えてみましょう。

「ファクト（事実）」とは、日々のさまざまな場面で直面する出来事、手にする情報、行動したこと、人や本、映画、風景との出合いなどを指します。また、行動したこと、それによる変化や現象、データなども入ります。

　Q 資格取得までは、どのような道のりだったのか？
　Q 資格取得にむけた学習の中で達成したことは何か？
　Q 学習の中でできなかったことは何か？
　Q 資格取得のためにかけた時間はどの位だったのか？
　Q 学習に集中したことで周囲に与えた影響は何か？

「フィーリング（感情）」とは、「ファクト」をどう捉え、意味づけするのか。そこから湧き起こる「嬉しい」「嫌だ」「悲しい」「楽しい」などの感情を意味します。人は感情によって突き動かされる生き物なのです。

　私たちは、大人になるに従い、周囲に気を使って感情が表に現れることを避けるようになります。どんな感情がモチベーションの源泉になるかは、人それぞれ異なります。感情は、「行動」を左右する大きな要素です。

自分がどんなファクトに対して、どのようなフィーリングをもつ傾向があるのか。正の側面だけでなく、負の面にも目を向け、自らその感情をキャッチする習慣をつけることで、「本当に言いたいこと」「本当にやりたいこと」への感度は高まっていきます。

　　Q この取り組みは、私にとってどんな経験だったのか？
　　Q 資格を取得してどんなことを感じたのか？
　　Q 嬉しい、惜しいと思っていることは何か？
　　Q このことを一番喜んでいるのは誰か？
　　Q このことを、ネガティブに感じている人がいるとしたら誰か？

「フューチャー（未来）」は、それらを踏まえて、私はどうしたいのか？　それはどのような影響があるのか？　ファクトとフィーリングをふまえながら、建設的かつ創造的により良き未来の可能性を模索するための視点です。

　　Q この経験を何に活かしていきたいか？
　　Q 資格を取得したことを誰に伝えたいか？
　　Q さらなる成長・学習にむけて取り組むことは何か？
　　Q 私自身の資格取得は、会社にとってはどのような意味があるのか？

Q この資格取得による社会への影響はどのようなものがあるのか？

同じものを見て、聞いて、体験しても、人によってその捉え方、感じ方、将来への活かし方はさまざまです。ですが、他者の未来に対する思いや目的、動機を聞くと、なぜか共感を覚えるものではないでしょうか。この一連のプロセスによって、大小さまざまな出来事、経験が自分の中で消化され、経験が血肉となり定着していきます。そして、その過程で頭に浮かぶ言葉やキーワードの一つひとつは、紛れもない、自分だけの言葉のはずです。

せっかくキャッチした言葉の数々は、単語、箇条書き、キャッチフレーズ、文章、擬音語、なんでもいい、コレクションのように書き留めておく。それらは、「本当に言いたいこと」「本当にやりたいこと」を形作る、大切な一片となっていきます。

私は週末などに美術展に行くことが多いのですが、そこで「自分の語彙を増やす鑑賞法」を発見しました。美術館やギャラリーには、紙と鉛筆を持ちこみます。そして、まずは事前情報や音声ガイドに頼らず、「自分の力」だけで鑑賞します。

- 作家はどんな子ども時代を過ごしてきた人なのか？
- どこの国、どんな環境で育ったのか？
- どんな感性をもった人なのか？
- この作品が作られたのはどのような時代だったのか？
- 作家はこの作品の制作時にはどんな心理状態だったのか？
- どんな仲間や師匠から影響を受けた（ている）のか？
- 人生をとおして何を追求していた（いる）人なのか？

鑑賞しながら、自分に湧き起こる感情や発見したこと、疑問を言葉にし、紙にどんどん書いていきます。一通り見終わると、作家のプロフィールや系譜、作品紹介や図録をみながら「答え合わせ」をしていきます。

作品や空間に表れている色や対象物（ファクト）から感じとった作家像（フィーリング）が徐々に立体的になり、「思ったとおり！」ということもあれば、そんな背景があったのか……と新たな発見に出合うこともある、知的好奇心をくすぐられる時間です。

そして、自分の表現した言葉と、図録などに書かれた表現を比較し、自分では思いつかなかった言い回しや語彙、感情表現や情景に関する言葉を増やしていく。私にとって、趣味と実益を両立できる楽しい時間です。

では、何を伝えるべきなのか？

「自分の言葉」を磨く「質問カード」

次に、「自分の言葉」を磨く方法として、コーチ・エィの取締役でエグゼクティブコーチの粟津恭一郎が、著書『「良い質問」をする技術』(ダイヤモンド社)で提唱している「良い質問」をつくる方法を紹介します。

粟津は、人は誰もが思考の「偏り」をもっていると言います。それは、一人ひとり、「手に入れたいもの(ビジョン)」「価値観(バリュー)」「よく使う言葉(ボキャブラリー)」が異なるためで、「3つのV」と呼んでいます。

① Vision：ビジョン(目標 = 手に入れたいもの)
② Value：バリュー(価値観)
③ Vocabulary：ボキャブラリー(よく使う言葉)

同書には、この「3つのV」を活用し、自分への問いのバリエーションを増やす方法が詳しく書かれています。一言で言うと、「自分の言葉」で「自分への質問」を作り出す方法です。

私はこの考え方を、エグゼクティブコーチがデビュー時にプロフィールを作成するときの編集サポートに活かしています。

① まず、「３つのＦ」で集めた「自分の言葉」や、次の「３つのＶ」にあたる言葉を、名刺サイズのカードに一つずつ書き出します。

「３つのＶ」とは、粟津がキーワードを考えるための視点です。

Vision：ビジョン（目標＝手に入れたいもの）
・ どんなゴールを描いているか？
・ どんな目標があるか？
・ 成し遂げたいと思っていることは何か？
・ 心から手に入れたいと思っているものは何か？
・ 尊敬する人・憧れの存在とその理由は何か？
・ 自分の理想像はどんなものか？
・ ３年後にはどうなっていたいか？

Value：バリュー（価値観）
・ 大切にしているものはなにか？
・ 仕事での判断基準や指標は何か？
・ 座右の銘は？
・ どんなこだわりがあるか？
・ どのような強み、能力、実績があるか？

Vocabulary：ボキャブラリー（よく使う言葉）
- 日常的によく使う言葉や口癖は何か？
- 家族や友人・知人、同僚、上司、取引先など、関係者にはどんな人がいるか？
- 今取り組んでいることは何か？
- これから取り組むことは何か？
- 習慣になっていることはなにか？
- ポジティブな感情の時に発する言葉は？
- ネガティブな感情の時に発する言葉は？

　私がはじめて書いた時の「言葉カード」には、「広げる」「初めてのこと」「直接聞く」「誘われたら行く」「誰もが」などのワードが並んでいました。広報を専門とする私にとっては、ごくありふれた、見慣れたキーワードです。

　一方、この質問作りを一緒にした粟津の秘書Nさんは、「人に役立つ」「成長する」「気が利く」「責任」「シンプルである」などで、私のカードにはまったく出てこない言葉を書いていました。「自分の言葉」は千差万別であること、そしてそれは、「その人にとって」財産なのだと実感した一時でした。

　その他、「私の言葉」カードには、次のような言葉がありました。15分ほどで書き出したものです。それ以降「私の

言葉だ」と思えるものは、追加するようにしています。

ビジョン
　みんなが幸せな状態である／誰もが安心している／居心地良い場を創りたい／一人でも多くの人にコーチングを知ってもらいたい

バリュー
　どちらでもいい／心地良い／広い／恥ずかしくない／明るい／楽しい／嬉しい／ワクワクする／調和／責任感／調整する／ポジティブ／自由／一期一会／平等・公平／公正／はじめてのこと／前より良い／面白がる／全体をつかむ／発信する／誘われたら行く／本物を見る／選んでいる／応援する／直接聞く／人と会う

ボキャブラリー
　広報／メールマガジン／メディア／ちゃんと／見てみる／やってみる／集まる／誰が／知らせる／伝える／認知度／書籍出版

②次に、書き出したキーワードと、5W1Hの疑問詞を組み合わせて質問を作ります。

　　When　：いつ

Where：どこで
Who　：だれが
What：何を
Why　：なぜ
How　：どのように

「言葉カード」と「疑問詞」を組み合わせると、次のような質問ができました。

- 誰（Who）に誘われたら一番行きたくなるのか？
- なぜ（Why）、直接聞きたいのか？
- 誰（Who）に伝わると嬉しいか？
- 何（What）を伝えたいか？
- どのように（How）広げていきたいか？
- いつまでに（When）直接聞くのか？

などの質問が出来ていきます。

「自分の言葉」で構成された質問は、自分の感情にもマッチして記憶に残り、思考が回っていきます。「今後この答えを考えていこう、と思える重要な質問が必ずある」と粟津は言います。

③第三者に質問を作ってもらいます。

　同僚や友人と「言葉のカード」を間においで話しながら質問を作ると、自分では思いつかない言葉の組み合わせが起こります。そして、多彩な質問が生まれて思考が深まり、発見の質と量が増えます。

　Q　そもそも、「伝える」とは何か？
　Q　「直接会う」と「直接会わない」の違いは何なのか？
　Q　「誘われたら行く」のはなぜか？
　Q　誰に伝わると、「ワクワクする」のか？

などを問われることで、自分が「ひとつの言葉」に込めている意味や解釈がより明確になっていきます。

　また、答えた後に「大谷さんは、そういうことを大事にしてきたんだね」といった周囲の人の反応を見て、自分にとってのあたり前や思い込み、大切にしていること、こだわりが浮き彫りになっていきます。

「自分の言葉」で質問を作ることで思考が深まり、理解の仕方を修正しながら考えの軸が確立していく感覚を味わえること、表層的に思っていることを深掘りできるのが、質問カードの効用です。

では、何を伝えるべきなのか？

「質問カード」で再確認した、
私の「言いたいこと」とは？

　私は、4歳から8歳までをブラジルのサンパウロで過ごしました。ブラジルというと、サッカーや、リオのカーニバル、コーヒーなど、ラテンアメリカの陽気な空気をイメージされる方が多いかもしれません。

　陽気な空気と共に、貧富の差の激しい国でもあります。幼かった私の記憶には、ホームレスの老人や母子が道端にござのようなものを引き、物乞いをする様子が日常のすぐ傍にあったことが残っています。

　なかでも、パン屋さんの前で紙袋2、3個を体の脇におき、大切そうにバナナを食べていた老婆の姿は目に焼き付いています。それは後々、頭の中で膨らみ大きくなったものかもしれません。ですが、「誰もがみな、その人らしく生きられる環境を創る」という「わたしのやりたいこと」の原点は、ブラジルで日々目の当りにしたこれらの像にあるとも言えます。

　「平等・公平」「誰もが」「みんな」という、私にとってはごくごく「ふつう」の言葉。そこに無意識のうちにこめている意味を聞かれ、考え、答えるうちに、改めて自分の中での想いが確信に変わっていくことを感じました。そして

今、コーチングというものを通じて「人と組織の可能性を開く」仕事ができていることに、何かしらのつながりを感じると共に、感謝の気持ちが湧くのでした。

　未来食堂の小林さんは、「自分の言葉で話さないと、あなた独自の考えは伝わらない」と言います。小林さんは、ネーミングやコンセプトイメージを伝える単語をみつけるために、図書館の辞典コーナーで何十冊も辞書を引き、「これだ！」と思う単語を見つけるのだそうです。

「自分の言葉」を入り口に「自分の言葉」を磨き続ける。

　それは、「本当に言いたいこと」に出合う一番の近道なのではないでしょうか。

第7章

「選ばれる人」になる言葉のテクニック

言葉の苗を育てる
～「言いたいこと」をみつける「考える」時間～

　この春、新潮社の雑誌「考える人」が15年の歴史に幕を下ろしました。フィナーレイベントで登壇したのは、批評家 小林秀雄の担当編集者であった池田雅延さんと、小林秀雄没後30年に評論「契りのストラディヴァリウス 小林秀雄、最後の音楽会」を同誌に寄稿した杉本圭司さんでした。

　講演では、小林秀雄を起点につながった、ひと世代ほど離れた編集者と書き手の二人が、その出会いから杉本さんが評論を書きあげるまでを、それぞれの視点で語りました。

　小林秀雄に関わるあらゆる資料を集めて読破し、自らサイトを開設していた杉本さんは、小林秀雄の遺族を介して、最後の担当編集者であった池田さんに会います。

　池田さんは、初対面の杉本さんにキラリと光るものを感じ、「誰も読んだことのない、あなた自身の『我が小林秀雄』を書いてほしい」と依頼します。同時に、約束をお願いしました。ひとつは、「私が小林先生から直接聞いたことや得たものはすべて、あなたに話す。ただし、それを第三者に口外するな」ということ。

「小林先生から預かった言葉を、私は自分の胸中で温めて

きた。それをあなたに伝える。その言葉の苗を、あなたの心と魂で育ててほしい」

池田さん曰く「人は耳寄りなことはどうしてもしゃべりたくなる。が、いったん言葉にしたものは心に残らず、素通りして外に抜ける。大切な言葉は5年も10年も寝かせ、熟成させてやっと自分のものになる」と。

池田さんは、杉本さんにまだ見たことのない新しい「小林論」を期待し自分のもつすべてを託し授けました。そして、杉本さんの中で小林秀雄の言葉が育ち、熟成し、書きあげるのを見守り続けました。

その間、8年。

評論が掲載された号は、即完売だったそうです。

私たちはいま、「考える時間」をどれだけ持てているでしょうか。あるいは、どれだけ「人を待つ」ことができているでしょうか。

即回答、即返信が評価の基準となる環境で、瞬発的に反応するだけでなく、「ゆっくり考える時間」「待つ時間」を意図的に日常に組み入れる。それは、「本当に言いたいこと」

「本当にやりたいこと」を見つけるためにも、必要な時間なのではないでしょうか。

「岡目八目」に徹し無名の評論家を見守り続けたベテラン編集者

　無名の若き評論家に寄り添い、待ち続けた池田さんは、編集者の仕事を「岡目八目」と表現します。

　「岡目」は、脇から見る、第三者の立場で見ることを意味し、「傍目八目」とも書くそうです。他人の打つ囲碁を傍から見ている者は、対局者よりも八目も先の手が見えるという意から生まれた言葉です。

　囲碁も将棋も、打っている者同士は勝つことに必死だが、傍観者は局面の全体を見渡す余裕がある、ということから、当事者よりも局外にいて冷静に観察している人のほうが的確に判断できるということだそうです。

　著者が書きたいこと、言わんとしていることを言いきれているか、出しきれているか？

　それを「傍目」で観察する。著者本人の頭の中での熟成を待つ。それが編集者の役割だと、池田さんは語ります。そして、「成功はモノが熟したところにある」と。

私は、池田さんのお話を、経営者とコーチの関係を思いながら聞いていました。

「言葉の苗」を育てるスローな時間の創り方

　何ごとにもスピードが求められる今、何かを失っているとすると、それは「考える時間」でしょう。メールには即返信、既読スルーを恐れて、すぐに絵文字を送る。そうした「ファストコミュニケーション」の時代に「言葉の苗」を育てるのは容易ではありません。「成功はモノが熟したところにある」と語る池田さんが無名の評論家の脱稿を待ったのは8年。少し、気が遠くなる気がします。

　しかし今、国内外のメディアも、速報や量を競うよりも、正確さを追求し、背景を深掘りしながら解説する「スローニュース」の制作体制を強化するなど、偽ニュースの弊害や著作権侵害の発生を取り除く取り組みを模索し始めています。

　私たち一人ひとりも、考えるための「時間」や「空間」を日常の中に意図的に創り出すことが一層大事になってくるのではないでしょうか。

　スローニュースの提唱者である米アリゾナ州立大学のダ

ン・ギルモア教授は、著書『あなたがメディア！　ソーシャル新時代の情報術』（朝日新聞出版）で、情報の送り手と受け手の双方に対して、伝えるべき文脈、受け取るべきニュース価値を考え「まず深呼吸して、スピードを落とし、深く掘り下げよう」と呼びかけています。

　日常的にスローな時間を取ることで、「言ってしまった」といった後悔は減り、「言いたいこと」が熟成されるのではないでしょうか。

一呼吸おく
　グーグルなどアメリカのIT企業が、禅やマインドフルネスを社員向けプログラムに取り入れて話題になりました。マインドフルネスとは、呼吸法や瞑想によって、今この瞬間に心を集中させるトレーニングで、ストレスや緊張を取り除くのに効果があるといわれています。日本企業でも昼寝タイムを導入する会社も出てきました。

　これはビジネス界でも、「立ち止まること」が重視される時代になってきたということだと思います。

　ちょっと立ち止まるだけで大失敗を防げ、問題が起きて行き詰まってもいったん「脇に置く」ことで、新たなアイディアや解が生まれる。急がなければと焦る気持ちを抑え、

一呼吸おくことで失う時間は、実際に計ってみれば数分だったりします。そのわずかな時間を惜しむほうが、かえって失うものは多そうです。

一日を振り返る時間を確保する
　人気ウェブサイト「ほぼ日刊イトイ新聞」を運営し、60万部を越える『ほぼ日手帳』をプロデュースするほぼ日の取締役でCFOの篠田真貴子さんが、手帳の使い方のヒントを教えてくださいました。それは、夜寝る前に、

　1．「その日の反省」
　2．「その日あったうれしかったこと」
　3．「翌日の目標」

を書き出すことだそうです。

　この3つは、「人のせい」にすることができない。放っておくと、よかったことは自分のおかげに、嫌なことは人のせいにしがちだが、この3つはそういう思考にさせないものだ、と。5、6章で紹介した「3つのF」の視点そのものだと思いながらお聞きしました。

　英語で「リフレクション」という言葉があります。「内省」「反省」という意味ですが、一日を静かな環境で振り返り、

その日の行動の意味づけ、今後の方向性を考える時間を定期的に確保することで、無用な心配や余計なひと言は減らせるのではないでしょうか。

空気を変える（チェンジオブエア）
　イラっとしたときや、考えが煮詰まってしまったときなどは、「場所」を変えてみる、ということです。部屋を変える、あるいは喫茶店に出向く。自分の居やすい場所を数か所もっておくと、気分の入れ換えが必要なときに便利です。

　それが出来なければ、座っている席を隣に移してみる、立ち上がって数歩歩く、窓を開けるだけでも、空気は入れ換わります。

　同時に、週末や夏休み、お正月休みなどは、仕事のことは一切考えない、と決めるのはどうでしょう。あんなにも不安要素であったことが、休みが終わるころには、実はナンデモナイことだった、といったことは多々あります。

人との間に「車間距離」を意識する
　運転するときは、前の車にぶつからないよう、「車間距離」を気にします。人との間にも「ほど良い距離」が必要です。

　「この人との距離は近すぎないか？　あるいは遠すぎない

か?」と、たまにお互いの関係を「俯瞰」することで馴れ合いが減り、ほど良い緊張感を保てるきっかけになります。

　野球評論家で、2017年度WBCで日本代表チームの投手コーチを務めた権藤博氏は、日本経済新聞の連載「悠々球論」に、「ブルペンでは、投手の真後ろからは見ない」というコラムを寄せています。その理由は、「一番の理由は真後ろで見ると、その投手に惚れてしまうから」ということ。

　惚れてしまうと、投手コーチの仕事にならない。物事は真正面からみるのがいいとは限らない。選手と近づき過ぎると、見えるものも見えなくなってくる。「人もボールも遠目から、惚れすぎずに見るのがいい」のだそうです。

「ネットをしない時間」を決める
　「デジタルをデトックス(解毒)する」という言葉が出てきました。IT依存症を防ぐため、デジタル機器から一定期間離れるという考えです。スマートフォンやパソコン、ゲームなどすべてのデジタル機器に1日〜数日まったく触れないことで、現実のコミュニケーションや自然の姿を認識し依存度を低めるという考えによるものです。

歩くときは周囲の音に耳を澄ませる
　私にとって、ルーティンのひとつである通勤時間は、思

考がもっとも活発に働く時間です。私はこの時間を「自分の思考をキャッチする」ための時間と捉えています。色々と頭に浮かぶことをスマホやメモに残していく。そのためにも、音楽などは聞かないようにしています。

一日一回、自然に触れる
　下町の老舗和菓子屋さんがテレビで紹介されていました。代々受け継がれてきた、あんこづくりの場面。熱々のあんこをかき混ぜる手をどの瞬間で止めるか、その塩梅は、その時の材料の状態だけでなく、天候、部屋の湿度によっても変わるそうです。

　腰の曲がりかけた女将さんの日課は、近所に残る自然の中を歩くこと。自然に触れ、ほんのささやかな変化も感じ取るようにする。その感覚を維持し、高めることが、あんこづくりの鍛錬になるそうなのです。

　そのテレビを見て以来、私は、一日一回は、自然を感じるための時間をもつことに決めました。

　少し遠回りであっても、通勤途中にある神社を通る、あるいは更地になって本物の土が見える道を通る、お堀端を歩く……。その場では、頭の中の思考をいったん止めて、木々の色や空の色、雲の様子、空気の感触を味わうことに

決めています。自然に五感を傾けると、目の前の雑念が一瞬「遠く」に感じることのできる時間になります。

家事や身支度の時間
　ラジオ体操、ヨガ、水泳といった運動、あるいは入浴、歯磨き、着替えなどの身支度の時間、トイレ掃除、庭いじりなどの家事の時間は、思考がフルに自動回転しています。私自身は、とても密度の濃い思考探索の時間になっています。そこで浮かんだアイディアや言葉を残さない手はありません。すぐに書きとめる方法やツールを用意しておくと良いでしょう。

ゼロリセット
　対談の名手と言われる阿川佐和子さん。数年前にそのインタビュー論をまとめた『聞く力』（文春新書）は、ベストセラーになりました。本の中で、阿川さんはインタビュー前には、相手に関する過去の作品や本、記事などをたくさんインプットするが、相手を目の前にした時には、すべてを忘れる。残すのは質問ひとつだけ、ということを書いておられました。

　事前情報を「ゼロ」にすることで、その場で新しい話、新しい解釈、新しい感情が生まれる可能性が広がりそうです。

久しぶりに友人と会う時、あるいは、はじめての人とお会いするとき。人から聞いたり、SNSなどで知ったりした情報をいったん脇におき、「この場」からリ・スタートする。そこには、新たな発見の空白があるはずです。

らくがき帳で日々の感情はその日のうちに出す
　日本初の女性報道写真家で、写真界のアカデミー賞とされる「ルーシー賞」を受賞した100歳を超える笹本恒子さんは、充実した毎日を過ごす秘訣のひとつに「無印良品のらくがき帳に何かを毎日書く」ことを挙げています。朝のラジオ講座で聞く英語やその日の出来事まで、なんでも書くと。

　笹本さんお奨めの無印良品のらくがき帳は、100円程度で購入できる再生紙製。堅苦しくなく、書きなぐったり、気になった記事の切り抜きや映画や展覧会のチケット半券を貼ったり、気軽に使えるノートです。

　私は、嫌なことやモヤモヤな気持ちがあると、「3つのF」を軸にこのらくがき帳に思い浮かぶままの言葉を、勢いに任せて書き連ねていきます。「悔しい」「信じられない」「なぜあんな風に言われてしまうのか？」など、棘があって人前では口にできないような言葉でもなんでもかまいません。「外には出さない」と決めて、その相手に手紙を書くつもり

で文字を綴っていくこともあります。すると、自然と気持ちがおさまってきます。

キレイな文章にしなくても良いのです。単語のみ、メモ書き、箇条書きなど、「話す、書く、打つ」など自分に合った方法で「思考を外に出す」と気持ちが完了し、頭の中に、次に進むための空白ができるのでしょう。この方法で「言ってしまう」一歩手前で何度も踏みとどまったことがあります。

本との対話
　ファーストリテイリング社社長の柳井正氏の『経営者になるためのノート』(PHP研究所) は、「自分で完成させていくノート」がコンセプトだそうです。

　本を「テキストが入ったノート」と見立て、本と対話するように読み進め、線を引き、自分の中で起こった問いや考えを余白に書き記していく。そして本から学んだことを実践し経験を積み重ねてほしい、柳井氏は、まえがきにそのように書いています。

　ビジネス書には、線を引いて印をつけることはもちろん、自分の意見を余白に書き、アウトプットし、著者と対話することで使えるノウハウになるということです。

本を読み進めながら、思考が動く。そこでの思い付きや疑問をどんどん書き込んでいく。本を読む過程でせっかく脳に浮かんだことを逃してしまうのは惜しい。だからこそ、その場でどんどん書き込む。

　私は、線を引き、書き込む他に、タイトルページに読み始めた日時と場所も書くようにしています。読み返した時に、読んだ時の状況や感情が思い出され、その時の学びや気づきが思い起こしやすくなるからです。

　そして、週末に、線を引いた箇所をノートに写したり、テキストに打ち込んだりします。読み終わった直後にやるよりも、時間を少し置くことで、新たな発見や自分の中で消化されたものがあると感じるからです。

旅先での対話
　一人旅は、日常から離れ、見知らぬ土地の匂いや空気、音の中でその歴史、文化、生活を感じる時間です。異なる見方や考え方に直接触れることができます。インターネットやテレビからは得難い、自分だけの一次情報を得る、最高の場です。

「言葉」を増やす

　昭和20年代から上野であんみつ屋を経営するご主人に、昔ながらの「酸っぱいみかん」の入手が難しくなっているとお聞きしました。消費者の好みに合わせた「甘いみかん」が量産されるようになり、手に入りにくくなったというのです。

　あんみつの具で、唯一「酸っぱい」存在のみかん。酸っぱさが口直しになり、あんみつを2度味わえる、のだそうです。

　ご主人のお話を聞いて、35年前に書かれた『ちちははのくにのことば』（晶文社）という本を思い出しました。この本は、東京子ども図書館の設立者であり、児童文学研究者で翻訳家の松岡享子さんが「絵本の書評をどのように書いたらいいか？」と相談にきた図書館インターン生に紹介されたという本です。

　著者の国分一太郎さんは、児童文学者で、作文（つづり方）教育の実践家・理論家でもありました。カバーには、次のように書かれています。

　「井戸の中に、つるべを投げ込む。網が長くながくのびてゆき、しばらくして、水面に桶の底のとどいた音が聞こえ

てくる——、そのとき、子どもは『深い』ということばの中味を自分の筋肉と脳みそで知るのだ」

　私たちが言葉を自分のものにしていく過程は、日々の生活の中での五感や心理、神経の発達、周囲の人との関係の中での実体験との結びつきによるもので、テレビや商品の宣伝文句で引きずられることに警鐘を鳴らした一冊です。

　「にがい」という言葉一つとっても、きゅうりのにがさ、胃の薬のにがさなど、さまざまな「にがい」がある。そうした数々の記憶の「にがさ」の中から「にがにがしい思い出」や「苦笑い」という言葉に自分なりの意味を込めていく。

　「本当に言いたいこと」「本当にやりたいこと」に出合うための入り口が「自分の言葉」だとすると、「言葉の数」が多ければ多いほど、表現が豊かなものになり、周囲の人との理解の幅も広がるでしょう。

　病院の問診では、「ズキズキ」「ヒリヒリ」など、状態を音で表すオノマトペを使用している患者さんの方が、使用していない人たちよりも医師に痛みを正確に伝えられている、というリサーチがあるそうです。痛みを伝えることができれば、診断や治療に時間がかからず、より適切な治療につながります。

人に理解してもらうために「自分に見合う言葉」を見つける。そのためにも、自然にふれ、人と出会い、本を読む。そして言葉のストックを増やすことも意識したいものです。

**「言い続ける」は、より良き未来への、
最強のリスクマネジメント**
　小泉進次郎氏は、先に紹介した講演で「言い続けること」の意義を「たとえ思いが違う人とも、言い続けることで、共にやれるという本当の信頼関係が芽生えてくる」と語っています。

　たとえ主張や考え方が異なっていても、とことん伝え合うなかで、熱量と共に感情が伝わるということなのではないでしょうか。「楽しい」であれ「悲しい」であれ「辛い」であれ、感情は、共感を生むからです。

　2016年、米マイクロソフトが開発した人間とツイッター上で会話できるAIボットが、公開直後から暴言を繰り返し、公開が停止されたことがありました。ネットユーザーとの会話によって質問と答えを学習するディープラーニングの特性によって、差別発言などを教え込まれた結果だったようです。

このニュースからは、未来とは、私たち一人ひとりの「発信すること」の総体によって作られていくことの象徴であることを実感しました。であるならば、ネット上でもリアルの世界でも、一人ひとりが思う「より善きこと」にむけた「良い言葉」の量を増やす。それによって「より良い未来」は作られるのではないか、と。

　将棋AIポナンザの開発者 山本一成さんは、人工知能が人間にとって危険な存在になるかどうかは、「人類自身の問題」だと仰います。人工知能は、人間の判断をもとに学習しており、その先入観や勘違い、倫理観が間違いなく影響しているからです。

　山本さんは、「人工知能は、インターネット上のすべての文章や、現存するすべての本を読むことになる」とした上で、「私たちにできることは、冗談に聞こえるかもしれませんが、インターネット上を含むすべての世界で、できる限り"いい人"でいることだ」といいます。

　山本さんが提唱する「いい人理論」を知ったとき、私は、何か救われる思いがしました。

　私たち一人ひとりが、自分に対して、周囲に対して、社会に対して「より良い言葉」を発し、「言葉の環境問題」を

意識し続けることができれば、私たちの未来は私たちの手で作り続けていくことができる。そう思うことができたからです。

「言葉の種」をみつける

最後に、自分の「言葉の種」を見つけるにはどうしたら良いかを考えます。

それは、感動する、つまり、「五感を動かす」しかない。そう思います。ディープラーニングを中心とした人工知能分野を研究されている清水亮さんは、人間がAIに負けないためにできることは、「人間として生きること」と仰います。それは、生身の体験を通じて、時間と共に自らの体内と記憶に蓄積していく、嬉しい、悲しい、寂しい、楽しいといった「五感の歴史」なのだと思いました。

そのためにも、インターネット空間を離れて

「外にでる」
「本を読む」
「人と会う」

現場に出向き、本物に出会い、自分だけの「一次情報」を得る、ということです。

仕事であれば、

- 自分の仕事がどのような製品やサービスとなってお客様や関係者に届いているのか？
- その最終形は、どのように使われ、どんな人たちの役に立っているのか？
- より良いものを提供するには何ができるか？

自分の仕事が何にどうつながっているのか、それらを自分の目で見て、考え、感じる。

人と直接会って話せば、必ず、愛着がわきます。

2017年1月、シカゴで行われたオバマ前大統領のお別れ演説。約50分にわたるスピーチの中盤に語られたメッセージが、心に残りました。

「もし、みなさんが、インターネットで見知らぬ他人と議論することに疲れたなら、そんな一人と、リアルな生活の中で話してみてください。何かを修正する必要があるのなら、靴紐を締め直して、何かを始めましょう」

If you're tired of arguing with strangers on the Internet,
try talking with one of them in real life.

「直接会って、対話しよう」

　アメリカだけでなく、「メディア化」した世界中の私たち一人ひとりに向けられたメッセージだと思って間違いないのではないでしょうか。

　価値の多様化はますます進むでしょう。その中で、互いの先入観や偏見を超えていくには、その人たちと直接話し、仲良くなるのが一番早い手です。

　「はたらく」とは「傍」を「楽」にする。すなわち、「周囲を楽しませる」あるいは「周囲を楽にする」という意味だと教えられたことがあります。

　自分の手足、五感を使えば、必ず「感動」に出合います。

　人と直接会って話せば、何かが動き出します。

　そしてそこには、「新たな言葉の種」があるはずです。

付録

分かってもらうための「伝える」技術

誤解を招かない伝え方の基本構造「逆ピラミッド」

　広報の仕事のひとつに、マスコミに向けた発表文、プレスリリースを書く仕事があります。「新製品が出ます」「新しい取り組みをはじめます」などの新情報をお知らせし、マスコミに取り上げてもらうのが狙いです。

「ニュース素材の提供」が目的ですから、正確で分かりやすいこと、ニュース性があることなどを中心に、求められる条件がいくつかあります。広報の初心者が最初に叩き込まれるプレスリリース執筆のポイントは以下になります。

〈プレスリリースの執筆ポイント〉
- 「一番伝えたいポイント」を「一番最初」に書く（逆ピラミッド型）
- 時代の流れ、社会のトレンドに連動させる
- 一文を短く、簡潔にまとめる
- 5W1Hの情報をもりこむ
- 誇張表現をなくし、明確に伝える
- 専門用語、業界用語には注釈をつける
- 差別用語や誤字脱字がないか推敲する

　一番のポイントは、「伝える順番」でしょう。文章の「型」には、起承転結、本論・序論・結論など、色々なスタイルがあります。ここでは、「誤解を招かない」ことに焦点をあ

て、結論から伝える方法についてみていきます。

結論ファーストの「逆ピラミッド」型：
重要な事柄から記述する

「逆ピラミッド型」とは、テレビや新聞がニュースを伝えるときのように、結論やポイントから先に伝える方法です。

情報のやりとりが電報だった時代、記者が送信した全文が届くとは限らなかったために、誤った情報にならないよう、「重要なことから書く」ことにしていたのがはじまりとも言われています。

文字だけではありません。テレビ取材などでも、発言内容は思った以上に編集されます。「私たちは、○○するために、△△してきましたが～」など、背景や前置きが長くなればなるほど、核心でない部分にフォーカスされてしまう可能性があります。

いくら正確な情報が網羅されていても、読み手が誤読しては意味がありません。何が目的で訴えたいのか、そのポイントが明確であることが最低条件です。

① 結論
② 重要な情報（5W1H）

③ その背景、理由

これらの構成要素で、新聞の小さいコーナー用に編集されても、内容の本質自体は失われにくくするためにも、まずは一番主張したい「結論から始める」ことが鉄則です。広報担当者が作成するプレスリリースは、基本的にこのスタイルで書かれます。

ポイントは、

・最も伝えたい優先順位の高いポイント（要点）を最初に盛り込む
・リード文には、5W1Hを使い、そのまま記事になるように要約する
・誇張も曖昧さもないこと

プレスリリースに限らず、正確さとスピードが求められるビジネスの場では、文書だけでなく、日常のメールや口頭での報連相もこのスタイルを意識すると、伝えたい情報の本質を、誤解なく伝えることができます。

記者会見でも鉄則「結論ファースト」

メディアの取材や記者会見に登壇する人たちが受けるメディアトレーニングというものがあります。そこで学ぶの

は、「伝えるべきこと」に集中し、「余計なことを言わない」ことです。

　記事の掲載前やテレビの放送前に原稿を確認できることもありますが、基本的にはできないと思った方が良いでしょう。とくにテレビなどでは前後の発言を切り取られ、視聴者うけする印象的でインパクトある一部分だけが使われてしまうこともあります。

　ビジネスの場での情報発信は、社外でも社内でも、いずれも、「結論ファースト」が基本だと思っておくと良いでしょう。

　たとえば、「新施設の開業はいつの予定ですか？」という質問には、ＡＢどちらが誤解を生まない回答でしょうか？

　Ａ「来年の７月です。工事は４月に着工し、すべての手続きを終えたタイミングとなります」
　Ｂ「４月に工事が着工します。その後、最終手続きを進め、来年の７月になります」

　Ａは、最初に、一番重要な「結論・回答」を主張しています。その後に、理由や背景の説明をしています。

最初に「本当は○○の予定でしたが〜」とか、「われわれとしては〜」という話を始めてしまうと、主張ではないことが記事や放送に使われてしまいかねません。これは言ってしまったが最後、取り返しがつかなくなります。

　そこで、取材では「最も伝えたいこと」に絞り、

・大切なことは何度でも繰り返す
・話すときは語尾までしっかり言う
・相手に何を望んでいるかをきちんと明言する

などを意識します。

　戦略的な観点からいうと、決まり文句を決めて、それを繰り返し言うという方法もあります。キャッチコピーのようなもので、テレビであればテロップになるようなインパクトある一言を計算してつくっておくこともあります。これは、「PREP（プレップ）法」と言われるものと似ています。

PREP（プレップ）法
　Point（要点）：結論や主張、要点など、大事なことや訴えたい内容
　　ー「私は〜だ」

- 「何がどうした」
- 「私は〜だと思う」
- 主語と述語を明瞭に記述する

Reason（理由）：ポイントに関する事実・背景を説明
- なぜならば〜
- 理由は〜

Example（例）：計画内容、目標数、ビジュアル、エピソード、人のコメントなど具体的な事項を提示
- たとえば〜
- 具体的には〜
- データ的には〜

Point（再び要点）：ポイントを別の言葉で反復する
- まとめると〜
- こうしたことから〜

　選挙の立候補者なども、選挙期間中のテレビメディア出演ではテレビCMと同じ15秒を意識し、その中で最大効果を発揮するために、

① 結論（5秒）
② 説明（10秒）

をイメージして発言をコントロールしているといいます。

一方、私たちが小学校から学ぶ「起承転結」型は、詩や小説のように時系列で順を追って伝えていくスタイルです。

この型は、サプライズや面白さを最後に残しておくときに使います。ただし、起承転結の「起承」あたりで、読み手や聞き手が自分なりの解釈をはじめると、文章を最後まで読まないうちに誤解させるリスクがあります。

この先どうなるかわからない面白さを出せるのは起承転結型。言いたいことが正確に伝わり誤解を招かないのは「結論ファースト」の逆ピラミッド型。

ビジネスの世界では、まず結論から伝えるのが世界のグランドルールです。目的に応じて、どちらも使い分けられるようになるのが理想でしょう。

「正しい日本語」は社会人の基本マナー
主語と述語が一致しているか？
日本語では、主語を省略することがあり、その結果、主語と述語の組み合わせがかみ合わなくなることが起こります。

× 「部下が『A部長は進めと言うのですが、B部長はやめろと言っています』と報告し、混乱している」
→ 混乱しているのは誰？

○ 「部下が『A部長は進めと言い、B部長はやめろと言っている』と報告してきたので、私は混乱している」

後半の「混乱している」のは、部下なのか、主語が省略されている「私」なのか、読者が迷う文になっています。編集では、「～ので」と接続し、主語と述語に一貫性をもたせるようにしました。

受動態より能動態
述語に「思われる」「考えられる」「言われる」などの受動態を使うことがよくあります。断定を避ける婉曲化のテクニックですが、メッセージを明確に示したい時には、逆効果になります。

「思われる」「考えられる」など受動態の述語には、たいてい主語がありません。おそらく主語は、「私たち」とか、「みんな」なのですが、はっきりさせないことで、曖昧さの残る文章になってしまうのです。

また受動態にはどうしても受け身のスタンスがあり、内容によっては深層心理にひそむ被害者意識を印象づけることもあります。基本的には「なにが・どうした」という能動態を使った方が分かりやすいでしょう。能動態を用いると、書き手が前向きなスタンスでいる印象も与えます。

形容詞は主観と心得る
　「すごい」「きれい」「素晴らしい」「ひどい」「激しい」「強い」「面白い」などの形容詞を使うときは、その言葉が最適なのか、確認したいものです。なぜなら形容詞はその文章を書いた人の「主観」にすぎないからです。

　「大きい」と言っても、何に比べて大きいのか。「象は大きい」と言っても、動物の中では大きいですが、都会のビル群に比べると、「小さい」となるかもしれません。

　また、「とても」「非常に」などに頼りすぎると、受け手が自由に解釈し、事実の歪曲化が生じます。その点、数値で表現すれば曖昧さがなくなります。

接続詞を正しく使う
　「しかし」「でも」「けれども」「だが」「ところが」など、いままで述べてきたことに反する内容を述べるとき使う接続詞を逆接の接続詞といいますが、よく読むと、その直前と

逆のことを言っているようで、言っていないことがあります。

「ていうか」「逆に」などの言葉を、会話の合いの手のようにリズミカルに使うクセのある人は、文章を書くときも逆説を使うクセが無意識に出るようです。

　日本語ネイティブであれば、ふだんあまり接続詞を気にすることはありません。しかし接続詞は話全体にロジックが通っているかどうかが露呈するところなので、「書く」際には気をつけたいところです。

ロジックを通す
　読んでいてすっきりしないと思い、よくよく読み返してみたら、Aについて「反対」といっていたのに、文章の終盤では「賛成」になっていた、というような笑い話もあります。

　言いたいことをたくさん詰め込みすぎて、結局なにが言いたいのか、伝えたいことを整理しないまま書き始めるとこうなるのでしょう。

　また、背景を説明してから結論に至るはずが、背景だけ説明して終わりという文章もあります。読む人に、「ここま

で背景を説明したのだから、結論は書かなくても分かるでしょう。それくらい察してよ」と言っているかのようです。

なにを伝えたいのか分からない文章は、読む人にストレスを与えます。常に「相手に伝わること」を第一に考えたいものです。

「事実」と「意見」を区別する
「上司は部下の話を聞くべきであるが〜」といった文章で、「一般論」「特定の人の説」「自分個人の意見」「所属する団体や会社としての意見」が判別しにくい場合、読み手にストレスを引き起こします。一般的に知られた事実なのか、誰かの意見なのかの区別を意識することで、反感・反論が起こるリスクは軽減されます。

読みやすい文章とは?
一文は短く
「分かりやすい文章」に共通しているのは、「一文が短い」ことです。

「今日、家に妻の従兄弟の義理の姉の三重県在住の良子が来た」

これが読みにくいのは、「良子が」という主語に修飾語を

付けすぎているからです。このような場合は、「今日、家に良子が来た。良子は妻の従兄弟の義理の姉で、三重県在住だ」というように、二文に分けると、少しは分かりやすくなります。

「言葉」を統一する

　ひとつの文章の中では、「言葉の統一」を意識しましょう。途中まで「医者」と書いていたのが、途中から「ドクター」に変わると、読み手は、「違うもの」として捉えます。無意識のうちに言葉を変えているとしたら、自分の中での解釈にも微妙に異なるものがあるのではないでしょうか。

「音」に変換する

　人は、文章を読むとき、目に入る文字を頭の中で「音」に変換しながら理解しています。

　谷崎潤一郎はその著書『文章讀本』で、文章の音楽的効果について「人々は心の中で声を出し、そうしてその声を心の耳に聴きながら読む」と書いています。さらに「文章を綴る場合に、まずその文句を実際に声を出して暗誦し、それがすらすらと云えるかどうかを試してみることが必要でありまして」と述べています。

　書いた本人が読みつかえるようであれば、他者にはなお

さら読みづらいことは間違いありません。発信する前に、一度音読し、つかえるところがあれば、ロジックなのか、文法なのか、何かしらに問題があるものです。

「みそひともじ」という言葉をご存じでしょうか。

　五・七・五・七・七の31音で構成される短歌は、その音数をもって「三十一文字(みそひともじ)」とも言われます。最近、百人一首やかるたを楽しむ家庭は減っているとはいえ、この五・七・五・七・七の語調は、私たち日本人の生活リズムの中に自然と入り込んでいます。

「五七調」を意識しながら置き換えてみると、文章に流れが出てくることがあります。

思わず引き寄せられる文章
魅力的なタイトル
　タイトルによって、読まれる確率には大きく差が出ます。思わず読みたくなる記事のタイトルには、具体的な表現、数字、ビジュアルをイメージできる要素が入っているものです。また、ヤフートピックスの見出しは13.5文字ですが、テレビのテロップや映画の字幕も、1行の文字数はこれくらいの長さです。人が負担を感じずに理解、判断できる量ということでしょう。この文字数の中に、漢字や平仮名、数

字を織り交ぜて「目」で伝わる魅力的な表現を編み出す。文章はタイトルで勝負がつく、とも言われています。

「ナンバーワン」「世界一」「日本初」は本当か？
　広告の世界では、「景品表示法」によって「実際に反して競合他社よりも著しく優良であると示すことで公正な競争を阻害する」表現が規制されています。

　個人であっても、商品やサービスにむやみに「世界一」「ナンバーワン」「最高」「最大」「最安値」といった最高・最大表現を記載していると、「本当か？」「根拠はあるのか？」と疑問を持たれる可能性があります。

　「ナンバーワン、世界一を目指している」といった表現に変更する、あるいは、独自性にフォーカスするなどの工夫が必要です。

数値化する
　評価を数値化すると客観性が高まり、読む人が受け入れやすくなります。

　たとえば、機能性の高い商品を作ってアピールしたけれども、「すごくいいんですよ」「人気です！」では主観的な自画自賛の印象で終わってしまう。

聞く方も、「何が良いのか分からず、信用できない」と受け止めてしまう。それを、「一度購入した人の8割が、リピーターになっている」というように数値化することで客観性を高められます。

比喩や例え、体験談で説得力を高める
誰もが分かる基準になるものとの比較や、食べ物やスポーツ、動物の例えで分かりやすくする。あるいは権威ある人や専門性を持った人たちのコメントや見解を紹介する。場合によっては、個人の体験談も説得力が高まります。

また文章で感情表現をするときは、書き手方が興奮して、「すごく楽しい」「すごく悲しい」などと連発すると、読む側は白けてしまうことがあります。事実のみを淡々と並べ、そこにどんな感情が浮かぶかは読む人に委ねる。それは、読み手の楽しみを奪わない方法でもあります。

「未来」を盛り込む
人は未来に興味を持つものです。人気の出る4コマ漫画やショートストーリー、コラムなどの特徴は、分析してみると、「状況」「行動」「変化」「未来への期待」の4点を備えていることです。人には、「状況」に応じた「行動」をとり、それによって「変化」する、という原則があり、そこ

に人は物語を感じるからです。

　文章でも、未来への言及があると好奇心を掻き立てられます。ビジネスなら計画や目標数値、「これからどうなる」「どうしていきたい」「どういう意気込みでやっている」という将来像で、意思や思いの強さを印象づけられます。

思想は無意識な口癖に潜む
　人には、「無意識の口癖」があります。どんな口癖があるかを知るのは難しいものですが、無意識の口癖にこそ、本人の信念、人生観、深層心理、偏見、先入観が見え隠れするものです。

　・「実はね」
「実は……なんですよ」の背後には、「すごいでしょ？」と、自慢したい何かが隠れているように思います。興味関心のない第三者からすると、何がすごいのかが分からない場合があります。

　・「そもそも」
「そもそも」を連発するのは、自分の知識をアピールしたり、本当はなにかを否定したいとか、主張できていない裏の気持ちがあるのかもしれません。

・「一般的には」「ふつうは」「他のところでは」
納得していない、批判したいものがあることの表れで、「一般ってなんですか？」「他のところってどこですか？」と聞くと、具体的な話が出てこないことが多くあります。

・「所詮」
他人を見下した印象を与えかねません。「所詮」と似ているのが「たかが」や「〜〜ごときで」。「たかが風邪で、会社を休むなんてあの人も体が弱いね」と言われた方は、否定された気持ちが募るでしょう。

・「結局」
使いすぎると嫌味っぽくなります。「結局、〜〜だったんですよ」「結局、〜〜でした」「〜〜ですよね、結局」を連発すると、「いろいろやったけど無駄でしたね」と、冷笑するニュアンスが伝わります。そのことや人を認めたくない、ケチをつけたい心境がみえてきます。

・「でもね」「もっと」「とはいえ」
相手の話にあいづちをうちながら、つい口にでることがあります。心の奥底の、相手を受け入れがたい気持ちや嫉妬心、自己顕示欲が垣間見える言葉です。言われた側は、「同意してもらえない」「否定された」「受け入れてもらえていない」といった印象を抱き、良い心象にはなりません。

・「こそあど言葉」にでる心理的距離感

「これ・それ・あれ・どれ」「この・その・あの・どの」など、指示語である「こそあど言葉」を無頓着に使ってはいませんか？

これらの使い分けの軸になるのは距離感で、「こ」→「そ」→「あ」→「ど」の順で遠くなります。

「こ」＝ 自分の近くにあるもの
「そ」＝ 相手の近くにあって、自分からは遠いもの
「あ」＝ 自分からも相手からも遠いもの
「ど」＝ 指す対象が不明

この「距離感」で注意したいのが、「あ」を使っているときの「心理的」な距離感。「あの人」「あそこ」「あれ」を選んでいる時は、対象物や人に対して、苦手意識や嫌悪、侮蔑、軽視などの感情が隠れていることがあります。指示語にも使う人の心理は現れるのです。

口癖は、会話ではなんとなく聞き流してしまうものですが、文章にすると際立つものです。頭に浮かんだ言葉をそのまま打ち込むようなSNSの場合はとくに、無意識に頻度高く出ている言葉には注意を払いたいものです。

書き言葉のチェックポイント：
発信前の「指さし確認」

　最後に、書き言葉を発信直前に最終確認するときのポイントをご紹介します。

① 固有名詞や数字に間違いはないか？　複数の目で最終確認

　あってはならないことですが、プレスリリースに載せた新商品の価格表記を間違えてしまったことがありました。確認したつもりだったのですが、何度も目にした内容だったため、感覚の麻痺がおきて見過ごしてしまったのでしょう。それ以来、誤字脱字の確認を含め、複数の人で確認することを徹底するようになりました。

　特に、人名や社名、地名などの固有名詞、価格、年度、年齢などの数字や単位は繰り返し確認することが必要です。

② 一般の人に分かる平易な言葉か？

　ひとつの業界に長くいたり、専門家になればなるほど、専門用語にも鈍感になっていきます。業界や商品について、何も知らない人が読んでも意味が分かるかどうかという確認も必要です。まったく違う部署の人など比較的その内容について知らない人が、素人目線で見て理解できるかどうかを聞くといいでしょう。

③ 誰のための情報か？

　一番伝えたい相手はだれなのか。それによって、内容や書き方は変わります。特定のターゲットが明確であればあるほど、届けたい相手の関心事に適した文章になります。小学生の子どもと大学生では言葉遣い、漢字の量も変わるでしょう。

④ 読みやすい表現か？

「漢字使用率チェッカー」

（http://akind.dee.cc/kanjiritsuchk-input.html）

　というサイトがあります。文章をコピー＆ペーストして「漢字率を算出」ボタンを押すと、その文章のなかに漢字が何パーセント含まれているかをたちどころに教えてくれるというものです。

　漢字が20パーセントだと小学生向けの文章のような印象となり、30パーセント前後が一番読みやすく、40パーセントでは硬いイメージになるそうです。大人向けの文章であっても、保険の約款のように漢字だらけでは分かりにくくなってしまいます。

　マイクロソフトのワープロソフト「ワード」にも、「文章校正」という機能の中に「文章の読みやすさを評価する」と

いう項目があります。こちらは1単語あたりの平均音節数や、1文あたりの平均単語数を基準にしているそうです。要するに「長い単語」「長い文章」が多いと読みにくいということです。

　これらは機械的な診断にすぎませんが、試しにチェックしてみるのも面白いでしょう。日本語の文法にそった文章を書くことはいうまでもありません。ビジネスパーソンにとって、文法はエチケットのようなものと捉えましょう。

⑤ 書かれた人、読んだ人が不快に思わないか？

　□自分が書かれた立場だとしたら、不愉快・不安になる表現を使っていないか？
　□だれの目に触れても問題のない、適切で丁寧な言葉遣いか？
　□情報を広めることで迷惑する個人や団体はないか？
　□決めつけや批判、評価はしていないか？
　□「上から目線」な言い回しをしていないか？
　□自分の自慢話になっていないか？
　□「個人の意見」であることが明確か？
　□価値観の一方的な押しつけはしていないか？

など、最後の最後に、もう一度、見直してください。

おわりに

　大阪で万博が開かれた1970年、
　今年95歳になった祖母が実家の一室を開放し、
　子どもむけの家庭文庫「竹の子文庫」を開庫した。

　毎週一回、休むことなく続けて46年。

　地元の新聞記者に、ここまで続けてきた理由を聞かれ、

「私は、軍国主義、言論統制の中で育ちました。

　外国の本を読むだけで"非国民"と言われた時代。

　だから、こどもたちには、
　人に教えてもらうことも大事だけれど、
　小さい時からいろんな本を読んで、
　自分で考える力、心豊かに自分で考える力を
　養ってほしい。

　それをとても願いました。

　教育の自由と言論の自由は、
　なんとしても守り続けなければいけない。

そう思っています。

難しいことですけどね」

と答えた。

20歳前後を戦時中に過ごし、
「すべてが焼けてなくなる体験」を
味わった祖母が言い続ける
「教育と言論の自由は、守らなアカン」。

誰もが、いつでも、モノを発信できるいま、
その自由に胡坐をかき、
モラルや倫理観への理解が
追い付いていないのではないか。

また、限られた情報の中で「わかったつもり」や
「わかってもらったつもり」になってはいないか？

はたまた、画一化された情報発信に慣れ、
「伝えたつもり」が「伝わっていなかった」ということは
起きていないか？

「どんなに良いことでも、伝え続けなければ、伝わらない。

自然に広まっていく、なんていう考えは甘い」

これも祖母の言葉です。

本当に、伝えたいことは何なのか？

自分への戒めもこめて、
それを探るきっかけの一冊になれば幸いです。

最後になりましたが、ここにたどりつくまでの道のりを
励まし続けてくださったすべてのみなさまに、
心からお礼を申し上げます。

幼かった時から今日この瞬間までに
出会ったみなさま、出合ったもの、
感じたことたちとの対話の中から、
この本が生まれました。本当にありがとうございました。
これからも、よろしくお願いいたします。

　　　　　　　　　　　　　　　　　　　　大谷 恵

[参考資料]

世論（上・下）
　W・リップマン［著］、掛川トミ子［訳］　岩波文庫
「空気」の研究
　山本七平［著］　文春文庫
「空気」と「世間」
　鴻上尚史［著］　講談社現代新書
「関係の空気」「場の空気」
　冷泉彰彦［著］　講談社現代新書
パブリック 開かれたネットの価値を最大化せよ
　ジェフ・ジャービス［著］、小林弘人［監修］、関 美和［訳］　NHK出版
マクロウィキノミクス
　ドン・タプスコット、アンソニー・D・ウィリアムズ［著］、夏目 大［訳］　ディスカヴァー・トゥエンティワン
ワーク・シフト──孤独と貧困から自由になる働き方の未来図〈2025〉
　リンダ・グラットン［著］、池村千秋［訳］　プレジデント社
インターネット的
　糸井重里［著］　PHP文庫
知の技法：東京大学教養学部「基礎演習」テキスト
　小林康夫、船曳建夫［編］　東京大学出版会
U理論──過去や偏見にとらわれず、本当に必要な「変化」を生み出す技術
　C・オットー・シャーマー［著］、中土井 僚、由佐美加子［訳］　英治出版
出現する未来
　P・センゲ、C・O・シャーマー、J・ジャウォースキー、B・S・フラワーズ［著］、野中郁次郎［監訳］、高遠裕子［訳］　講談社BIZ
優れたリーダーは、なぜ「立ち止まる」のか
　ケヴィン・キャッシュマン［著］、樋口武志［訳］　英治出版
人は、誰もが「多重人格」 誰も語らなかった「才能開花の技法」
　田坂広志［著］　光文社新書

やりたいことがある人は未来食堂に来てください 「始める」「続ける」「伝える」の最適解を導く方法
　　小林せかい [著]　祥伝社
ただめしを食べさせる食堂が今日も黒字の理由
　　小林せかい [著]　太田出版
「自分メディア」はこう作る！ 大人気ブログの超戦略的運営記
　　ちきりん [著]　文藝春秋
それってキセキ GReeeeN の物語
　　小松成美 [著]　　KADOKAWA/ 角川マガジンズ
タモリ学 タモリにとって「タモリ」とは何か？
　　戸部田 誠（てれびのスキマ）[著]　イースト・プレス
ディズニー大学
　　ダグ・リップ [著]、藤井留美 [訳]　アルファポリス
思考と行動における言語
　　Ｓ・Ｉ・ハヤカワ [著]、大久保忠利 [訳]　岩波書店
君たちはどう生きるか
　　吉野源三郎 [著]　岩波文庫
情報倫理 ネット時代のソーシャル・リテラシー
　　髙橋慈子、原田隆史、佐藤 翔、岡部晋典 [著]　技術評論社
あなたがメディア！ ソーシャル新時代の情報術
　　ダン・ギルモア [著]、平 和博 [訳]　朝日新聞出版
10 代からの情報キャッチボール入門 使えるメディア・リテラシー
　　下村健一 [著]　岩波書店
メディア・リテラシー ―世界の現場から―
　　菅谷明子 [著]　岩波新書
ゴミ情報の海から宝石を見つけ出す これからのソーシャルメディア航海術
　　津田大介 [著]　PHP ビジネス新書
コラムで学ぶジャーナリズム グローバル時代のメディアリテラシー
　　金井啓子 [著]　ナカニシヤ出版
18 歳の著作権入門
　　福井健策 [著]　ちくまプリマー新書
たのしいプロパガンダ
　　辻田真佐憲 [著]　イースト新書 Q

ダメ情報の見分けかた メディアと幸福につきあうために
　　荻上チキ、飯田泰之、鈴木謙介［著］　NHK出版生活人新書
文章讀本
　　谷崎潤一郎［著］　中公文庫
自家製 文章読本
　　井上ひさし［著］　新潮文庫
文章読本さん江
　　斎藤美奈子［著］　ちくま文庫
企業不祥事・危機対応 広報完全マニュアル
　　山見博康［著］　自由国民社
誤解されない話し方、炎上しない答え方
　　山口明雄［著］　ディスカヴァー・トゥエンティワン
あなたの話はなぜ「通じない」のか
　　山田ズーニー［著］　ちくま文庫
リーダー論
　　高橋みなみ（AKB48）［著］　講談社AKB48新書
キャスターという仕事
　　国谷裕子［著］　岩波新書
言葉はこうして生き残った
　　河野通和［著］　ミシマ社
思考の整理学
　　外山滋比古［著］　ちくま文庫
「言葉にできる」は武器になる。
　　梅田悟司［著］　日本経済新聞出版社
ダイアローグ・マネジメント 対話が生み出す強い組織
　　ケネス・J・ガーゲン、ロネ・ヒエストゥッド［著］、伊藤 守［監訳］、
　　二宮美樹［訳］　ディスカヴァー・トゥエンティワン
美 「見えないものをみる」ということ
　　福原義春［著］　PHP新書
こころの対話 25のルール
　　伊藤 守［著］　講談社＋α文庫
リーダーが身につけたい25のこと
　　鈴木義幸［著］　ディスカヴァー・トゥエンティワン
「良い質問」をする技術
　　粟津恭一郎［著］　ダイヤモンド社

［著者紹介］

大谷　恵（おおたに・けい）
コーチ・エィ　広報のプロフェッショナル

商社、国際博覧会事務局、アーティストの個人事務所、輸入車メーカーなどを経て2006年、コーチ・エィに広報担当として入社。テレビ、新聞、雑誌、ウェブ媒体などに「システミック・コーチング」の情報を露出する他、19万人の読者をもつコーチ・エィ発行のメールマガジン「WEEKLY GLOBAL COACH」のコラム編集、広報誌発行、書籍出版企画などを行う。エグゼクティブコーチによる人気コラム「Coach's VIEW」の編集を、10年にわたり担当。コーチとしても活動し、企業や医療、出版、教育などの分野で活躍するリーダー層にコーチングを行っている。
「Coach's VIEW」https://coach.co.jp/view/

「選ばれる人」はなぜ口が堅いのか？
言葉を選ぶ技術、言い換えるテクニック

2017年9月1日　第1刷発行

著　者	大谷　恵
発行者	長坂嘉昭
発行所	株式会社プレジデント社
	〒102-8641 東京都千代田区平河町2-16-1
	平河町森タワー13F
	http://president.jp　　http://str.president.co.jp/str/
	電話　編集(03) 3237-3732
	販売(03) 3237-3731
編　集	長山清子　桂木栄一
販　売	高橋　徹　川井田美景　森田　巌　遠藤真知子
	末吉秀樹
装　丁	秦　浩司（hatagram）
制　作	関　結香
印刷・製本	図書印刷株式会社

©2017 COACH A Co., Ltd.
ISBN978-4-8334-2226-0　Printed in Japan
落丁・乱丁本はおとりかえいたします。